Frank Lloyd Wright®

BRUCE BROOKS PFEIFFER

FRANK LLOYD WRIGHT

1867–1959

Construire pour la démocratie

TASCHEN

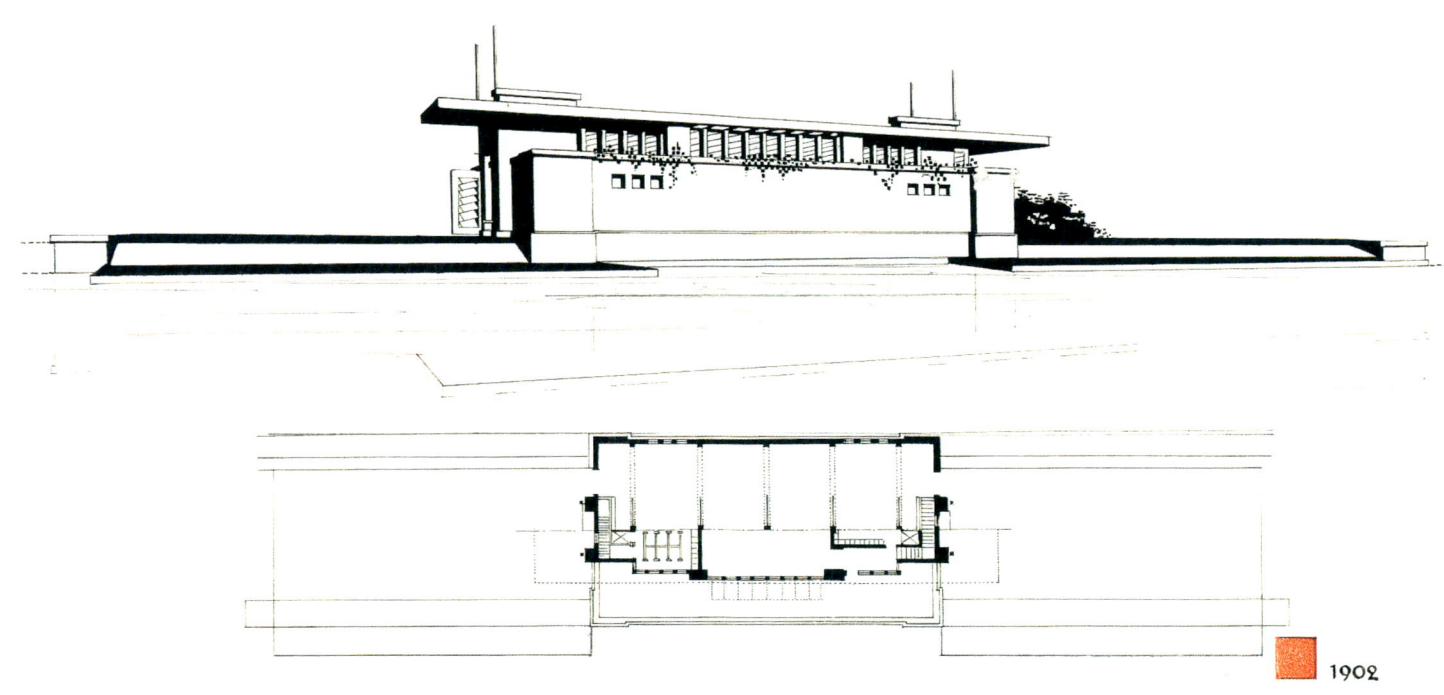

1902

UN LIVRE TASCHEN, UN ARBRE PLANTÉ !
TASCHEN affiche un bilan carbone neutre.
Chaque année, nous compensons nos émissions
de CO_2 avec l'Instituto Terra, un programme de
reforestation de l'État du Minas Gerais, au Brésil,
fondé par Lélia et Sebastião Salgado. Pour plus
d'informations sur ce partenariat environnemental,
rendez-vous sur : www.taschen.com/zerocarbon
Inspiration : illimitée. Empreinte carbone : nulle.

Si vous souhaitez être informé des prochaines
parutions TASCHEN, abonnez-vous à notre
magazine gratuit sur www.taschen.com/maga-
zine, suivez-nous sur Instagram et Facebook,
ou contactez-nous par e-mail à l'adresse
contact@taschen.com pour toute question
concernant notre programme de publication.

Traduction ▶ Thérèse Chatelain-Südkamp, Lohmar
Traduction des légendes ▶ Latido, Brême

Printed in Slovakia
ISBN 978–3–8365–6048–1

Couverture ▶ « Fallingwater », Mill Run,
Pennsylvanie, 1935–1939

Illustration page 2 ▶ Frank Lloyd Wright
à sa table de dessins

Illustration ci-dessus ▶ Hangar à bateaux Yahara,
Madison, Wisconsin, 1905, perspective et plan

Quatrième de couverture ▶ Frank Lloyd Wright
à Taliesin, 1939

Table des matières

Introduction

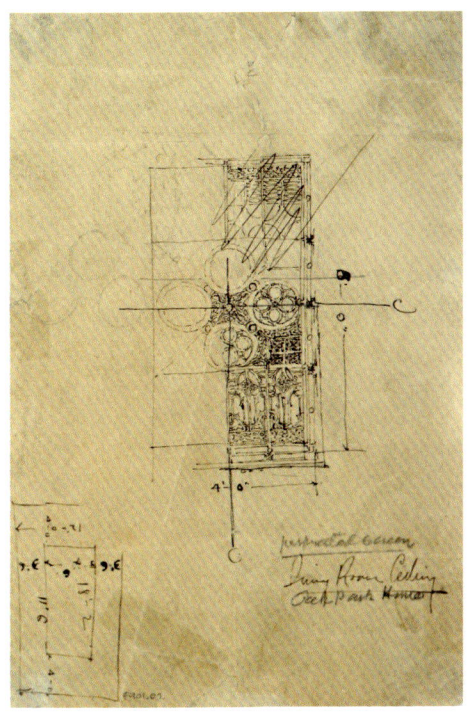

Écran perforé, plafond de la salle à manger de la Maison Frank Lloyd Wright, Oak Park, Illinois, 1889
Wright affirmait que ce genre d'éclairage intégré de sa salle à manger était le premier exemple d'éclairage indirect.

Page de gauche :
Bibiliothèque de l'atelier de Frank Lloyd Wright, Oak Park, Illinois, 1897
C'est ici que Wright montrait à ses clients leurs plans, la pièce étant parfaitement illuminée tant par la lumière du jour que par l'éclairage indirect.

En 1895, Nathan G. Moore, avocat éminent de Chicago et voisin de l'architecte Frank Lloyd Wright à Oak Park, se rendit au bureau de Wright, au Schiller Building, et lui demanda de lui établir les plans pour une maison. Il posait toutefois une condition importante : « Nous voulons que ce soit vous qui construisiez notre maison, mais je ne désire rien qui ressemble à celle de M. Winslow. Le matin, quand je vais prendre mon train, je ne veux pas être obligé de passer par les petites rues afin d'éviter les moqueries. »[1] Si l'on veut comprendre l'effet produit par cette maison, blottie tranquillement au fond d'une banlieue calme et boisée, il faut se pencher sur l'architecture des États-Unis à cette époque, et en particulier sur l'architecture de Chicago et de ses environs.

Autour de 1900 – de 1895 à 1905 – l'architecture des États-Unis était, au mieux, un assemblage de styles éclectiques, ne se rapportant sous aucun point de vue, ni en aucune façon, aux idéaux de la nation. C'était une époque qui considérait l'architecture comme une mise en pratique des idées en vogue et des styles, sans se soucier des techniques de construction. Néanmoins, c'était aussi une époque où l'industrie du bâtiment tout entière connaissait des changements révolutionnaires. De nouveaux matériaux faisaient leur apparition et, parallèlement, de nouvelles méthodes étaient mises au point afin de travailler les anciens matériaux. Toutefois, l'architecture telle qu'elle était pratiquée ne reflétait que modérément la découverte de ces nouvelles méthodes et de ces nouveaux matériaux.

L'exposition de Chicago en 1893, la Columbian Exposition, fut un cas d'espèce suprême. D'un côté, Louis Sullivan affirmait que l'exposition « faisait revenir l'architecture américaine au moins cinquante ans en arrière »[2], tandis que de l'autre côté, Daniel Burnham, architecte de Chicago en vogue à l'époque, louait l'exposition qui était l'exemple de ce que les Américains voulaient construire. Quand il encouragea Wright à aller aux Beaux-Arts de Paris, il lui dit : « L'exposition, Frank, va avoir une grande influence dans notre pays. Pour la première fois, les Américains ont vu les œuvres classiques à une grande échelle. »[3] Le jeune architecte, qui venait juste de se faire une clientèle avec la maison William H. Winslow (et dont Burnham disait : « Une vraie maison de gentleman, du palier au chaperon ») répondit : « Non, il y a Louis Sullivan ... Et si John Root était encore en vie, je ne crois pas qu'il penserait ainsi. Quant à Richardson, je suis sûr que cela ne sera jamais son avis. » Burnham continuait : « Frank, l'exposition a bien dû te montrer que Sullivan et Richardson sont certes assez bons dans leur genre, mais que celui-ci ne prédominera pas – l'architecture va prendre une autre direction. »[4] Et c'est ce qu'elle fit, bien sûr. Il est ironique de constater que la date de ce désastre architectural de 1893 coïncide avec la date à laquelle Frank Lloyd Wright ouvrit son cabinet privé d'architecture, après avoir travaillé pendant sept ans chez Adler et Sullivan à Chicago.

Richardson, Sullivan et Wright. La progression de ces trois architectes a été maintes et maintes fois citée comme la progression d'une architecture américaine, partant du classicisme pour se diriger vers un nouvel idéal. Richardson était certainement imbibé d'une tradition romane, mais son travail présentait pourtant une virilité et une force remarquables, tout à fait américaines, qui lui étaient propres. Sullivan, le « poète », qui était dessinateur et associé de l'agence Adler et Sullivan, faisait ses hauts immeubles vraiment hauts et ne se contentait pas d'empiler des blocs massifs de maçonnerie. C'est dans son travail que la haute ligne verticale, longue et accentuée, donna naissance à l'expression esthétique du gratte-ciel.

Richardson et Sullivan étaient tous deux instruits, courtois et avaient des goûts très raffinés. Ils avaient fait leur scolarité sur la Côte est et étaient allés à Paris pour étudier à l'École des Beaux-Arts. Il n'en était pas de même pour Wright. Son milieu était imprégné des sévères principes transcendantaux de l'Unitarisme. Il grandit dans une famille plutôt pauvre, son père était pasteur et professeur de musique, sa mère enseignante. Il passa sa première jeunesse à la ferme de son oncle, dans le sud-ouest du Wisconsin. Son entourage se composait de pasteurs, d'enseignants, d'agriculteurs et de Gallois convaincus. Du côté de sa mère, il descendait en effet de pasteurs, d'agriculteurs et d'enseignants qui quittèrent en 1844 le Pays de Galles pour s'établir dans le Nouveau Monde. Il passa sa jeunesse dans la vallée de ses ancêtres. À l'âge de quarante-quatre ans, c'est là qu'il se rendit, après avoir laissé sa femme et sa famille à Oak Park, pour construire sa propre maison Taliesin.

Ses origines ancestrales ainsi que l'influence maternelle orientèrent son éducation. Il fut élevé selon les écrits et les enseignements d'Américains comme Whitman, Thoreau et Emerson et de Britanniques comme Byron, Shelley et Blake. Il apprit très tôt à lire et se plongea dans les œuvres de Schiller et de Goethe ; dans le chariot l'amenant à l'école, il portait sur lui une édition de poche des pièces et sonnets de Shakespeare. Il était saturé de musique, surtout de Bach et de Beethoven, à cause de l'influence quotidienne de son père qui jouait à l'église les chorals de Bach (le jeune Frank devait actionner la soufflerie de l'orgue) et exécutait au piano des sonates de Beethoven, le soir à la maison. « Pendant toute ma petite enfance, je m'endormis, soir après soir, sur les accords des sonates de Beethoven », reconnut Wright.

Toutefois, à l'époque où il se plongeait dans la littérature, la poésie, la philosophie et la musique, la révolution industrielle était à son apogée. Ceci aurait pu susciter chez lui des conflits quant à la finalité et l'éthique. Ce ne fut pas le cas. En fait, ce sont ces circonstances qui firent de lui l'homme qu'il était et l'architecte qu'il devint. La révolution industrielle lui donna les outils dont il avait besoin pour construire les bâtiments conçus dans son imagination fertile ; son éducation lui fournit un sens durable des valeurs humaines. Nous avons ici un paradoxe frappant : d'un côté les outils et les méthodes industriels, de l'autre les valeurs humaines et un profond amour de la nature. Ces deux composantes étaient essentielles pour son travail ; il ne pouvait pas envisager l'une sans l'autre.

Il affirmait que c'était sa mère qui avait décidé sa profession. Lors de sa grossesse, elle fut convaincue qu'elle donnerait naissance à un fils et qu'il deviendrait un grand architecte. Pendant sa première enfance, il fut élevé avec cette conviction. Elle l'entoura des beautés de la nature, elle découvrit les jeux éducatifs du jardin d'enfants de Friedrich Froebel et les amena à la maison pour son fils. Ces jeux le passionnèrent. Lorsque sa mère remarqua qu'il nourrissait un amour dévorant et exclusif pour le dessin et le design, elle pensa qu'il était temps de contrebalancer cet intérêt en introduisant un autre facteur dans son premier apprentissage. Après avoir consulté son frère James Lloyd Jones, qui possédait tout près une ferme dans la vallée de leurs ancêtres, elle décida d'envoyer son fils travailler à la ferme pendant tous les étés.

Maison James Charnley, Chicago, Illinois, 1891
« C'est dans cette maison urbaine à Astor Street que j'ai commencé à éprouver la réelle valeur décorative de la surface plane, c'est-à-dire de la plaine plate en tant que telle. Les dessins de la maison Charnley ont été tracés et imprimés dans les bureaux d'Adler et Sullivan, mais en les préparant chez moi à cette fin, j'ai payé mes dettes urgentes dans la construction en faisant des « heures supplémentaires. »

Dans l'histoire de sa jeunesse, une grande partie de sa propre biographie est consacrée non pas à son éducation scolaire mais à ce qu'il apprit en travaillant à la ferme. Ces expériences de jeune garçon étaient des valeurs et des souvenirs profondément ancrés. Ils étaient si puissants, et parfois si déchirants et si éreintants, que, cinquante-quatre ans plus tard, sa propre mémoire l'incitait à considérer ces années comme étant les plus instructives.

Lorsque les années de ferme furent écoulées et qu'il sortit de l'adolescence, il s'inscrivit comme externe à l'École d'ingénieurs de l'Université du Wisconsin. De plus en plus insatisfait, il s'enfuit peu après à Chicago afin de poursuivre sa vocation d'architecte. Mais avant de quitter Madison, dans le Wisconsin, il fut témoin de l'effondrement de la nouvelle aile nord de l'ancien State Capitol, qui se trouvait alors en reconstruction. L'entrepreneur en bâtiments n'avait pas pensé à mal lorsqu'il avait fait remplir, pendant la construction, l'intérieur des piliers avec des gravats de briques et de pierres. Cette charge supplémentaire s'avéra trop lourde : un été, les piliers cédèrent et l'édifice s'écroula. Des travailleurs pris au piège dans le bâtiment moururent écrasés lorsque les étages s'effondrèrent sur eux. Pendant toute l'après-midi et toute la soirée, des sauveteurs sortirent des décombres les corps des blessés, des agonisants et des morts. Le jeune Wright se tenait à proximité. « Il resta immobile pendant des heures, s'accrochant à la grille de fer qui entourait le parc, trop bouleversé pour pouvoir bouger – pour s'en aller. L'horreur de cette scène n'a jamais complètement disparu de son esprit et elle continue à le hanter jusqu'à aujourd'hui », écrit-il.[5]

Après quelques emplois dans d'autres agences d'architecture à Chicago, Wright se décida à collaborer avec Louis Sullivan qui s'occupait à l'époque du projet de l'Auditorium de Chicago et cherchait désespérément des dessinateurs pour l'assister. Après presque sept ans passés chez Adler et Sullivan, Wright donna sa démission à la suite d'un différend avec Sullivan portant sur les termes de son contrat (il construisait des maisons « clandestines » pendant son temps libre). Il ouvrit son propre cabinet dans le Schiller Building, immeuble construit par Adler et Sullivan, et son premier client fut William H. Winslow, de River Forest, Illinois.

Détails ornementaux pour l'Auditorium de Chicago, 1888
Wright aida Sullivan à élaborer les conceptions de l'intérieur pour l'Auditorium de Chicago. Sur ce dessin, Wright inscrivit ultérieurement « Fragment de tête de pilastre en bronze – Auditorium de Chicago ». L'autre partie de ce fragment se trouve à la Bibliothèque Avery pour l'architecture et les beaux-arts de l'Université de Columbia à New York.

Maison Frank Thomas, Oak Park, Illinois, 1901
« L'abandon de la *boîte*, en plan et élévation, devint désormais fondamental dans mon travail. Cela me permit de ressentir l'intérieur d'un bâtiment comme la *réalité* de toute véritable construction moderne, d'une construction qui ne soit pas simplement monumentale. J'ai recherché cette libération sous une forme ou une autre dans pratiquement chaque bâtiment que j'ai construit. »

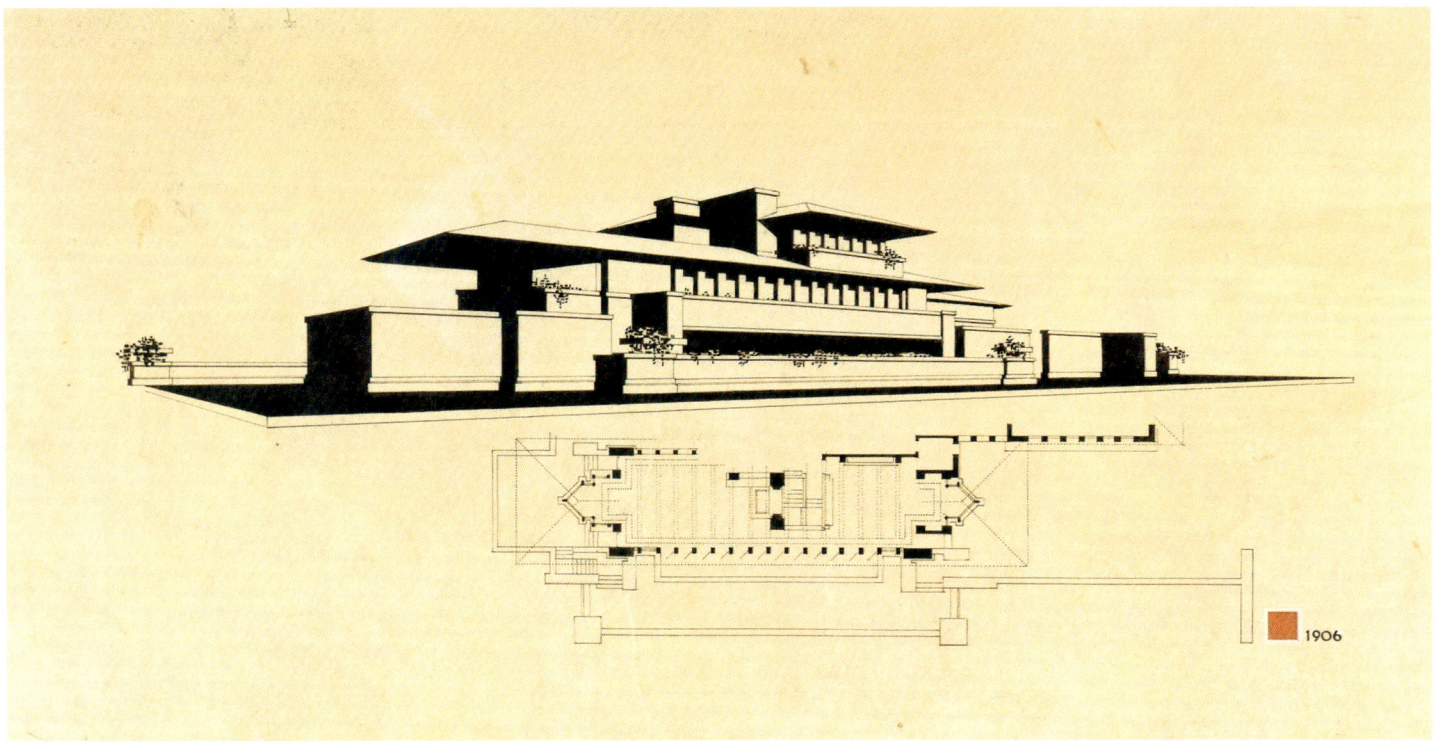

Perspective et plan horizontal de la Maison Frederick C. Robie, Chicago, Illinois, 1908

Depuis quelques temps, la « Prairie House » désigne l'architecture d'habitation réalisée par Wright de 1900 à 1911. Wright lui-même n'employait pas ce terme. Il parlait plutôt du type d'habitation qui semblait convenir le mieux à la prairie du Midwest, qui s'étend autour de Chicago et de sa banlieue. En mars 1908, il écrivait dans un numéro du *Architectural Record* : « Nous, les habitants du Middle West, nous vivons dans la prairie. La prairie possède une beauté qui lui est propre. Nous devons reconnaître et accentuer cette beauté naturelle, son étendue tranquille. À l'aide de toits à douce inclinaison, de constructions basses, de silhouettes calmes, de cheminées larges et massives et de saillies, à l'aide de terrasses basses, de murs en prolongation des maisons et entourant les jardins individuels. » Dans *An Autobiography*, publiée pour la première fois en 1932, il révélait : « J'aimais la prairie d'instinct, pour sa grande simplicité – les arbres, les fleurs, le ciel lui-même, formaient un contraste saisissant. Je m'aperçus qu'une petite hauteur était suffisante pour que les choses paraissent tout de suite plus grandes – chaque détail devenait plus important, tout devenait moins large. J'eus l'idée que les plans horizontaux dans les bâtiments appartenaient au sol. Je commençais à concrétiser cette idée. »[6]

Cette silhouette large et prolongée, les proportions basses étroitement associées au sol, les larges saillies et les toits en pente douce sont les traits distinctifs qui caractérisent sa première architecture d'habitation. Toutefois, derrière ces traits extérieurs, un tout nouveau langage d'architecture faisait son apparition. Cela ne se fit pas du jour au lendemain et après la construction de la maison Winslow en 1893, il fallut attendre presque sept ans pour qu'idées et formes se développent pleinement.

Le premier pas dans cette direction se fit au niveau du plan de la maison : des espaces ouverts délimités les uns des autres par de simples artifices architecturaux, plutôt que séparés par des murs et des portes. Ceci fut connu par la suite sous le nom de « plan ouvert ». Un autre développement consista à intégrer le bâtiment à son site

Wright déclara un jour : « Donnez-moi un homme d'affaires avisé et je changerai la face du pays. » Wright trouva bel et bien un personnage de cette envergure en Frederick C. Robie, dont la maison joua un rôle primordial dans le changement de l'aspect de la construction immobilière américaine.

naturel. Ces premières maisons étaient situées dans la banlieue, à une époque où celle-ci était peu peuplée et où le paysage était pauvrement aménagé. Wright pensait qu'il était souhaitable, sur cette prairie longue et plate, de s'élever du sol afin d'avoir une meilleure vue. Pour cette raison, il réhaussa le sous-sol au niveau du sol, qui servait ainsi de socle à l'étage principal supérieur. Au niveau supérieur, il commençait à voir les murs de la maison comme des cloisons, les murs s'élevaient directement des soubassements ou du « niveau des eaux souterraines », les fenêtres du deuxième étage s'alignaient en une rangée continue sous les avant-toits. Le crépi en ciment des avant-toits était peint d'une couleur claire, reflétant ainsi la lumière dans les pièces qui sinon auraient été plongées dans l'obscurité. Par opposition à la fenêtre à guillotine, la fenêtre à double battant faisait entrer plus d'air dans les pièces. Les ouvertures des fenêtres étaient protégées du vent et du soleil grâce aux avant-toits en saillie. En ce qui concerne les matériaux, il conseillait l'emploi d'un seul plutôt que le mélange de plusieurs, alors en vogue à l'époque. Le crépi en ciment des maisons était partout en ciment, accentué par une moulure en bois. Il en était de même pour les constructions en brique. S'il lui arrivait d'associer quand même différents matériaux, comme la brique et le crépi, il le faisait d'une façon uniforme dans tout le bâtiment afin d'obtenir une impression de tranquillité et de simplicité.

Tous ces éléments se développèrent et prirent de l'envergure entre les premières maisons, comme les maisons Bradley, Dana et Willits, et celles qui furent réalisées plus tard, comme les maisons Martin, Coonley et Robie. Cependant, toutes ces maisons furent conçues pour la prairie et bien qu'elles aient différents types de plans, elles ont toutes un dénominateur commun : la prairie du Midwest.

Dans ces « Prairies Houses », le concept de Wright pour l'espace intérieur devint de plus en plus le trait caractéristique du bâtiment. Il se développa lentement. Wright indiqua la salle des fêtes de l'école privée de Hillside, en 1902, comme étant un pas important dans cette direction. Les quatre larges colonnes de pierre, qui supportent le balcon tout autour de la salle des fêtes, sont situées à l'intérieur, et le balcon lui-même est en retrait des hautes fenêtres qui, sans être entravées, s'élèvent du rebord de fenêtre jusqu'au linteau. Dans cette salle des fêtes, il est clair que les murs-fenêtres ne sont pas des murs de soutènement, les supports de la structure sont situés vers l'intérieur. Les plans du bâtiment administratif de la société Larkin, à Buffalo, New York et du temple de l'Unité à Oak Park ne devaient pas tarder à suivre. Alors que Wright travaillait à la commande Larkin, une maquette en plâtre du bâtiment fut réalisée et déposée à son atelier de Oak Park. « Tout à coup, la maquette fut là, sur la table, au milieu. J'entrais et vis ce qui n'allait pas. J'ôtais du bâtiment les quatre angles, les transformais en caractéristiques individuelles et les replaçais. J'avais alors des caractéristiques qui accrochaient le regard et non plus des murs. J'employais le même procédé avec le temple de l'Unité où je ne construisis aucun mur traditionnel, mais seulement ces caractéristiques. Et celles-ci étaient des cloisons regroupées dans l'espace intérieur. Ce que j'avais fait par instinct avec le bâtiment Larkin, je le fis peu à peu consciemment avec le temple de l'Unité. Lorsque le temple fut achevé, j'en étais tout à fait conscient. Je savais que je me trouvais au commencement d'une grande chose, d'une grande vérité dans l'architecture. L'architecture pouvait maintenant être libre. »[7]

Ce qu'il avait réalisé dans le temple de l'Unité, c'était, en reprenant ses propres mots, « la déconstruction des blocs » dans l'architecture. Les murs extérieurs ne soutenaient plus la partie supérieure, qu'il s'agisse de dalles ou de toits en pente. Avec les

Maison de Thomas P. Hardy, Racine, Wisconsin, 1905, dessin en perspective

encorbellements, les supports étaient placés en retrait du bord extérieur et ressemblaient à un bras tendu ou aux branches d'un arbre. Les murs extérieurs devinrent des éléments sans fonction de support qu'il nomma « parois », soit opaques – en ciment, en pierre ou en bois – soit transparentes – fenêtres et portes en verre. L'espace intérieur acquit une nouvelle liberté et, en même temps, une relation plus étroite avec le paysage naturel extérieur. Cette distinction si étroite de jadis entre extérieur et intérieur disparaissait, et un passage de l'un à l'autre devenait possible et tout à fait souhaitable. C'est ce passage libre de l'intérieur vers l'extérieur qui donna un sens à cette phrase « l'espace intérieur devint la réalité du bâtiment » et non pas les murs, ni les plafonds.

Dans ses premiers travaux, Frank Lloyd Wright manifesta une connaissance approfondie et un respect constant des matériaux naturels. Il remarquait qu'un tel respect faisait défaut aux architectes de son époque, et des époques précédentes. La pierre, la brique et le bois – matériaux de base – étaient depuis longtemps recouverts, peints, enduits ou modifiés afin de répondre aux exigences d'une mode ou d'un goût particulier. Il utilisa toujours ces matériaux de la manière qui lui semblait la plus conforme à leur nature, laissant les masses de pierre devenir la caractéristique de l'immeuble ou employant les riches couleurs de terre de la brique, sortie du four, dans des formes qui la glorifient. Quant au bois, son matériau préféré, il en disait : « Pour l'homme, le bois est universellement beau. On aime s'associer à lui, le sentir sous la main. Il est agréable à l'œil et au toucher. »[8]

Dans la plus grande partie de l'architecture du XIXᵉ siècle, non seulement les matériaux naturels étaient dédaignés, mais les matériaux plus nouveaux, comme le béton, l'acier, les plaques de métal et les feuilles de verre, étaient employés de façon démodée. Wright pressentit que ces nouveaux matériaux ainsi que les nouvelles méthodes pour les utiliser seraient une merveilleuse « boîte à outils » pour l'architecte du XXᵉ siècle. L'acier associé au béton – le béton armé – était le grand élément libérateur qui produirait une toute nouvelle architecture pour le XXᵉ siècle. Le bâtiment Johnson Wax, la maison Kaufmann, Fallingwater, la tour des laboratoires Johnson Wax et la tour H. C. Price ainsi que le musée Guggenheim sont tous des exemples de constructions aux encorbellements à béton armé.

S'apercevant très vite que pendant le XXᵉ siècle, le travail manuel deviendrait de plus en plus onéreux et donc de moins en moins désirable pour l'architecture en général, Frank Lloyd Wright se tourna vers les machines. L'idée d'éléments préfabriqués le séduisait et, en 1915, il commença à travailler dans ce sens aux American Ready-Cut System Houses. Toutefois, ces conceptions et ces projets s'avérèrent bien trop en avance sur les possibilités de l'industrie, de logement et de financement de l'époque.

Les quatre maisons en blocs de béton de Los Angeles illustrent merveilleusement ce que Wright entendait lorsqu'il affirmait que « la machine devait être un outil dans la main de l'artiste ». Ici, la « machine » était le coffrage, ou le moule, dans lequel le béton était versé pour former les blocs. Jusqu'à cette époque, le bloc en béton était l'enfant pauvre des entreprises de construction. Employé comme décoration ou comme matériau de construction, le bloc était considéré par Wright comme un beau produit pouvant s'élever dans les airs et dans la lumière du soleil.

Il traita de la même façon les autres facettes de l'industrie du bâtiment : de simples plaques de métal, de cuivre et d'aluminium, sans ornement, pouvaient être transformées à l'aide d'une machine en surfaces travaillées afin de décorer l'édifice.

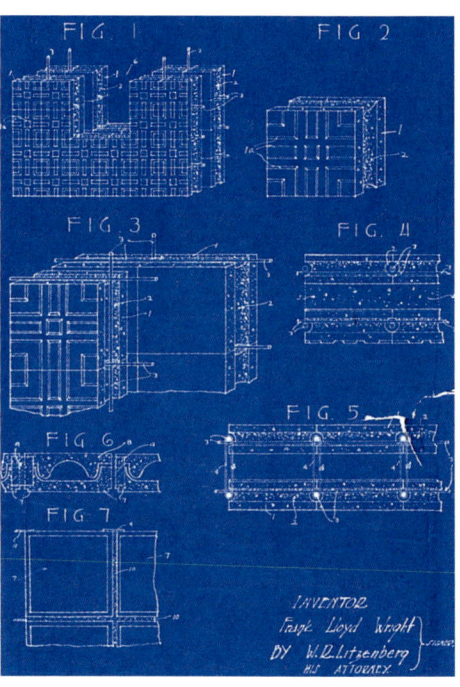

Diagrammes de blocs de béton pour le dépôt d'un brevet, vers 1923

Comme tous les autres adeptes du transcendantalisme, Frank Lloyd Wright considérait la nature de façon quasi mystique. Il croyait fermement que plus l'homme s'associait à la nature, plus son bien-être personnel, spirituel et même physique se développait comme conséquence directe de cette association. Wright se plaisait à évoquer sa conception de la nature dans ces termes : « Ecrire la Nature avec un « N » majuscule comme l'on écrit Dieu avec un grand « D » et il soutenait : « La Nature est tout ce que nous connaîtrons jamais de l'apparence de Dieu. »[9]

À partir de cette conception, de cette vénération et par conséquent de son respect de la nature, ses bâtiments, qui étaient intégrés au paysage, avaient tous un but commun : permettre à l'être humain d'éprouver et de participer aux joies et à l'émerveillement de la beauté de la nature. Aujourd'hui, nous parlons de l'aménagement du site, de l'étude de l'environnement et employons des termes compliqués qui en fait désignent la même chose : le respect de la Terre. Sans ce respect, nous savons bien qu'elle deviendra une planète morte, surplombée d'un ciel tout aussi mort. De nos jours, notre civilisation est confrontée à la peur de ce péril et, pour la première fois, elle commence à prendre conscience de sa peur et à entreprendre des actions, qui sont stimulées par la peur. Il y a presque cent ans, Wright proposait des solutions sous forme d'architecture, montrant comment vivre en harmonie avec l'environnement, non pas par peur (qui est primairement un instinct animal), mais parce qu'il était animé d'un amour profond pour les beautés naturelles. Il était convaincu que l'humanité, si on la plaçait dans le contexte de la nature, réagirait positivement et se développerait spirituellement.

Frank Lloyd Wright à côté d'une maquette du musée Guggenheim à l'exposition Sixty Years of Living Architecture à New York, 1953
Ce fut la plus grande exposition jamais organisée sur l'œuvre de Wright. Après son inauguration à Philadelphie en 1951, l'exposition voyagea à travers toute l'Europe, puis fut montée à Mexico City avant de revenir aux États-Unis en 1953, à New York et Los Angeles. À New York, l'exposition eut lieu dans un pavillon spécialement édifié sur le site du futur musée Guggenheim.

Seuls les bâtiments qu'il construisit sur terre surpassèrent l'éloquence dont il faisait preuve lorsqu'il parlait de la nature.

Avec ces idées et ces principes à sa disposition – espace intérieur et forme extérieure, matériaux et méthodes, nature et environnement – tels des crayons dans sa main, Frank Lloyd Wright continua à dessiner et concevoir les bâtiments qui changeront le visage de l'architecture dans le monde. Il avait nommé ses bâtiments « une architecture organique », désignation qui avait été lancée par son « cher maître », Louis Sullivan. Dans ses travaux comme dans l'interprétation de cette désignation, il alla toutefois bien plus loin que Sullivan. Quelquefois, Wright affirmait que l'architecture organique était une architecture où toutes les parties sont reliées au tout et où le tout a un rapport avec toutes les parties : continuité et totalité. Mais, dans un sens encore plus large et plus profond, il disait qu'un bâtiment organique, quelle que soit sa date de construction, convient à l'époque, convient au lieu et convient à l'homme. Si l'on se réfère à cette explication, il est possible de suivre l'évolution de toutes les grandes constructions à travers toutes les grandes époques et, inversement, on peut éliminer dans l'art de l'architecture un grand nombre d'entreprises qui ne sont que des trompe-l'œil ou des manifestations de la mode.

Les travaux de Wright suivaient l'évolution de sa créativité. À partir du bâtiment administratif et sculptural, exécuté pour la société Larkin, il réalisa trente ans plus tard le bâtiment administratif aérien, fluide et curviligne pour la société S. C. Johnson & Son. À partir des plans formels en « sphinx » de l'Hôtel Impérial et des Midway Gardens, il

Concert du réveillon de Noël à Taliesin II, 24 décembre 1924
Personnes présentes de gauche à droite : Frank Lloyd Wright, Richard Neutra, Sylva Moser et son bébé Lorenz, Kameki Tsuchiura, Nobu Tsuchiura, Werner Moser et Dione Neutra.

développa, également trente ans plus tard, l'ultime concept d'un espace fluide dans le musée Guggenheim. À partir de la maison sans prétention de Thomas Gale, située sur un simple terrain de la prairie du Midwest, à Oak Park, en 1909, il en arriva à la construction des terrasses en béton et en pierre surplombant une cascade, dans les gorges boisées de la Pennsylvanie, la très célèbre maison pour Edgar Kaufmann, Fallingwater. À partir du moulin Roméo et Juliette, tour en bois édifiée sur un soubassement en pierre qui était consolidé à l'aide de montants en fer, fut réalisée la tour H. C. Price, à Bartlesville, Oklahoma, inaugurée soixante ans plus tard en 1956. À partir de la beauté sculpturale du temple de l'Unité, monolithe de forme carrée, où la lumière provenait des fenêtres de la nef et du plafond, il développa les plans, presqu'un demi-siècle plus tard, de la synagogue Beth Sholom, bâtiment qui semble être fait et enveloppé de lumière. Dans chacun de ces exemples, les formes diffèrent, mais les principes restent les mêmes. Ce furent son attachement et sa croyance en la validité de ses principes qui constituèrent la force motrice des travaux de Wright.

Du début jusqu'à la fin, dans tous les travaux de Frank Lloyd Wright, il existe un élément important qui reste constant, domine toutes les autres considérations, et constitue toujours sa première réflexion : les valeurs humaines. Cet élément, il le nommait « humanité ». Qu'il s'agisse d'une simple demeure ou d'un grand centre civique, d'une usine ou d'une cathédrale, d'une ferme ou d'une école, là où l'homme est mis en relation avec les bâtiments de Wright, il y occupe la place centrale.

Wright écrivit en 1957, un livre intitulé *A Testament*. En partie autobiographique, en partie explicatif, ce livre passe en revue son œuvre. Il résume les forces de son œuvre ainsi que les formes du grand art, telles qu'il les voyait. Le dernier chapitre du livre est intitulé « L'Humanité – La Lumière du Monde ». En voici des extraits :

« J'ai continuellement fait allusion à une architecture plus « humaine ». Je vais donc essayer d'expliquer ce que ce mot signifie pour moi, ce qu'il signifie pour l'architecte. Pareille à l'architecture organique, la qualité d'humanité est intérieure à l'homme. De même que l'on calcule le système solaire en années-lumière, il se peut que la lumière intérieure est ce que l'on nomme humanité. Cet élément, l'homme en tant que lumière, est au-dessus de toute estimation. Bouddha était appelé la lumière de l'Asie, Jésus la lumière du Monde. La lumière du soleil appartient à la nature comme la lumière intérieure appartient à l'esprit humain : la lumière humaine.

La lumière humaine est au-dessus de l'instinct. Par cette lumière humaine, l'imagination de l'homme naît, conçoit, crée, meurt certes, mais pour continuer la lumière de l'existence sous forme de cette lumière qui vivait en l'homme. L'esprit en est illuminé et dans une telle mesure que sa vie devient cette lumière, il provient de cette lumière et à son tour il illumine l'espèce. Les affirmations de cette lumière dans la vie et le travail humain sont le véritable bonheur de l'homme.

Tout comme la lumière du soleil enveloppe un objet sans défense, révélant sa forme et son expression, de même une lumière correspondante, dont le soleil est un symbole, émane du travail inspiré de l'humanité. Cette lumière intérieure est l'assurance que l'Architecture, l'Art et la Religion de l'homme ne font qu'un – ses emblèmes symboliques. Nous pouvons alors nommer l'humanité elle-même : la lumière qui ne s'éteint jamais. Le lever et le coucher du soleil sont les symboles appropriés de l'existence de l'homme sur terre. Il n'existe pas d'élément d'immortalité plus précieux que l'humanité ainsi humaine. Les cieux ne peuvent être le symbole de cette lumière des lumières que dans la mesure où les cieux sont un tel havre. »[10]

1 *An Autobiography*, Frank Lloyd Wright, Longmans, Green, NY, 1932

2 *A Testament*, Frank Lloyd Wright, New York, NY, 1957, p. 57

3 Ibid., p. 124

4 Ibid., p. 124

5 Ibid.

6 Ibid.

7 Discours pour la communauté Taliesin 13 août 1952

8 *Architectural Record*, mai 1928

9 Interview avec Mike Wallace, septembre 1957

10 *A Testament*, Frank Lloyd Wright, New York, NY, 1957

1893–1894 ‣ Maison William W. Winslow
River Forest, Illinois

Dessin en perspective

« Oncle Dan [Daniel H. Burnham] dit dès qu'il vit la maison Winslow « une vraie maison de gentleman, du palier au chaperon ». La Maison Winslow est apparue dans le paysage de ce quartier provincial comme une primevère en pleine floraison. C'était une nouveauté pour Oak Park et River Forest. Elle devint une véritable attraction. Elle fut admirée et complimentée de toutes parts. »

Pour les normes d'aujourd'hui, la maison pour William H. Winslow est un bâtiment sobre, élégant, noble. En 1894 pourtant, elle était si inhabituelle qu'elle suscitait les moqueries du voisinage. Dans cette maison, un grand nombre d'éléments s'écartent des normes alors en usage dans l'architecture d'habitation du XIXᵉ siècle. Les murs s'élèvent directement d'une corniche en pierre coffrée que Wright nommait « le niveau des eaux souterraines ». La base de l'édifice est presque dépourvue de végétation afin d'accentuer encore l'union de la maison et de la terre. Au lieu des toits à forte pente d'où se dressent les hautes et minces cheminées, le toit s'incline doucement à partir des larges cheminées massives et s'avance en saillie au-dessus des fenêtres du deuxième étage. Les fenêtres vont du rebord de fenêtre jusqu'au linteau, au lieu de s'arrêter une trentaine de centimètres en dessous. Elles ne sont pas percées dans un

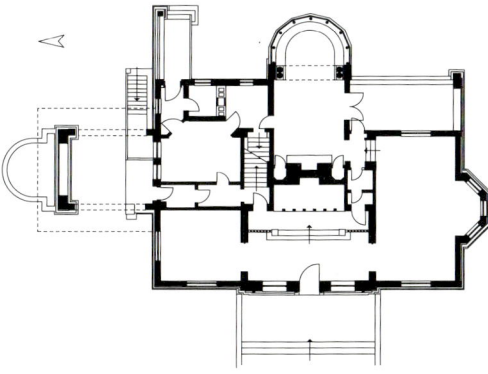

Plan horizontal du rez-de-chaussée

mur, mais dans une paroi. Les matériaux sont traités en fonction de leur nature et de leur couleur : le béton garde sa couleur blanchâtre primitive ; la brique romaine dorée reste une brique romaine dorée ; la frise en céramique sur le mur du deuxième étage est d'un brun intense. C'était une époque où l'on recouvrait les briques de crépi, où l'on peignait le bois, où l'on revêtait le béton, etc. À l'intérieur, les espaces étaient clairement délimités, mais débouchaient l'un sur l'autre au rez-de-chaussée, au lieu de présenter l'aspect habituel de boîtes encastrées les unes dans les autres. Les parties en bois ont été travaillées proprement, simplement et gardent leur aspect naturel ; un minimum d'ouvrage embouti et de lattage remplace l'excès de sculptures et d'entrelacs communs à l'époque. Le tout dégage une dignité élégante et discrète qui était alors inconnue à cette époque d'exagérations.

1900 ▸ « A Home in a Prairie Town »
Pour le Ladies' Home Journal ▸ Projet

Dessin en perspective

« Ma perception du mur n'était plus celle du côté d'une boîte. Il servait à délimiter l'espace et offrait une protection contre les intempéries et la chaleur, seulement si nécessaire. Il était aussi là pour amener le monde extérieur jusque dans la maison et pour conduire l'intérieur de la maison au dehors. »

En 1901, la revue *Ladies' Home journal* publia un numéro intitulé « A Home in a Prairie Town ». Wright avait non seulement fourni les plans de la maison, mais il avait aussi écrit le texte. Celui-ci résumait certains écrits antérieurs concernant la « Prairie house » : « Son aspect extérieur reflète l'influence de la prairie, s'adapte au paysage et transforme en caractéristique son étendue tranquille. Les terrasses basses et les larges avant-toits servent à accentuer ce caractère et complètent ce rapport harmonieux. » Les plans, les coupes et les vues de la maison étaient accompagnés de suggestions pour son utilisation comme partie d'un bloc quadruple, dans lequel quatre maisons de ce type étaient regroupées au centre. Chacune d'entre elles était orientée vers son propre terrain et préservait ainsi l'intimité de ses habitants.

1901–1902 ▸ Maison William G. Fricke

Oak Park, Illinois

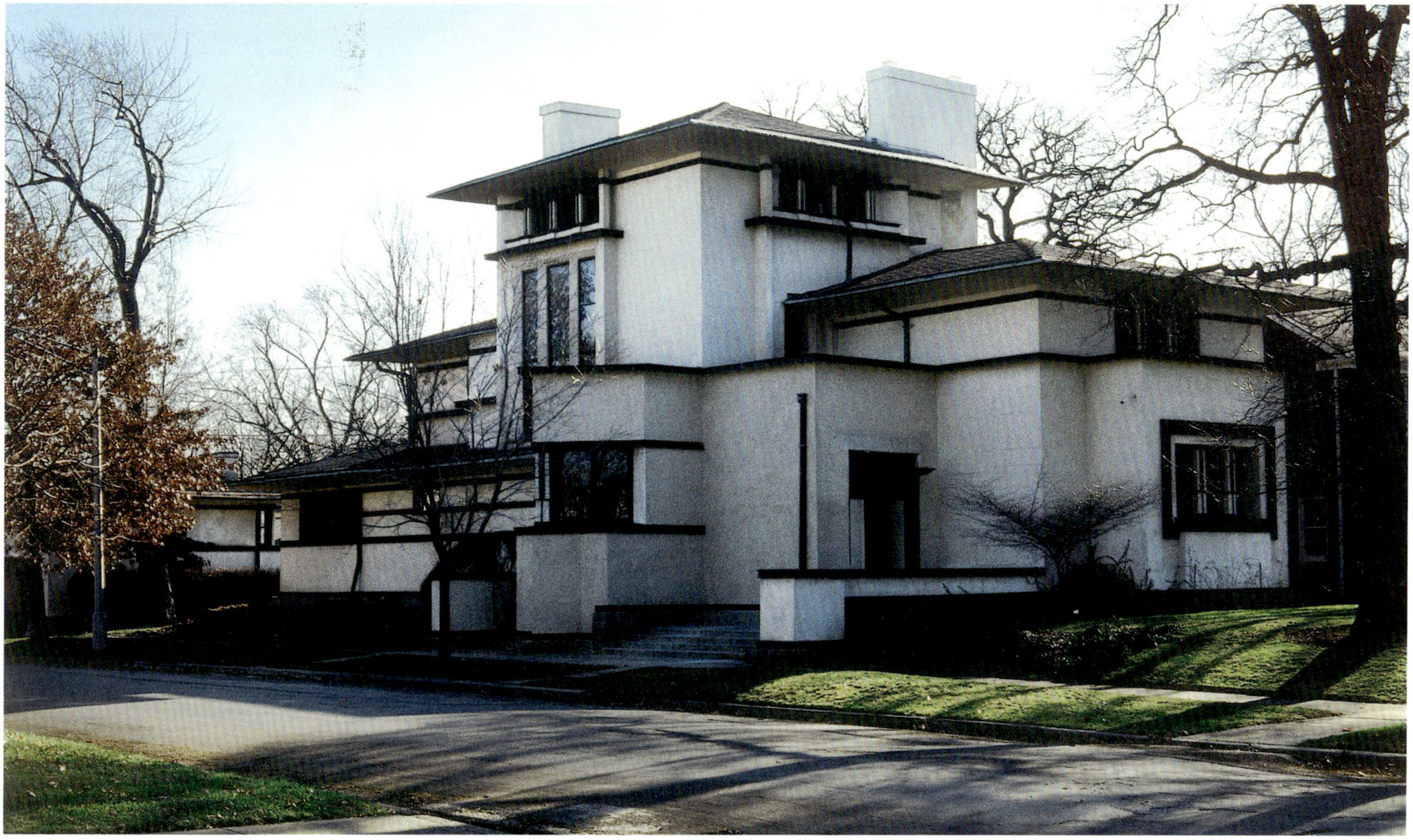

Vue extérieure

Ci-dessous :

Plan horizontal du rez-de-chaussée

Le pavillon fut plus tard démoli.

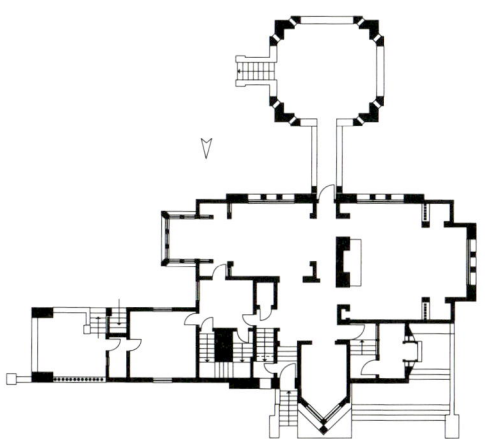

La maison pour William G. Fricke est un exemple particulier d'une maison à trois étages dessinée par Frank Lloyd Wright. La taille du terrain obligea l'architecte à construire en hauteur, plutôt qu'en largeur. L'emplacement de la maison propose une solution importante dans le dessin des plans : la maison est située dans un angle, libérant le reste du terrain pour la pelouse et les jardins. Elle défie les normes qui situaient la maison au milieu du terrain, avec des jardins sur le devant, à l'arrière et de chaque côté. À l'origine, un passage couvert reliait la salle de séjour à un pavillon, recouvert d'un toit mais ouvert sur les côtés. Idéal pour les réceptions et les dîners en été, le pavillon était situé à l'ombre et donnait sur les jardins fleuris.

1902–1903 ▸ Maison Ward W. Willits

Highland Park, Illinois

Ci-dessus :
Vue extérieure

Page de gauche :
Salle à manger avec mobilier original

Ci-dessous :
Plan horizontal du rez-de-chaussée

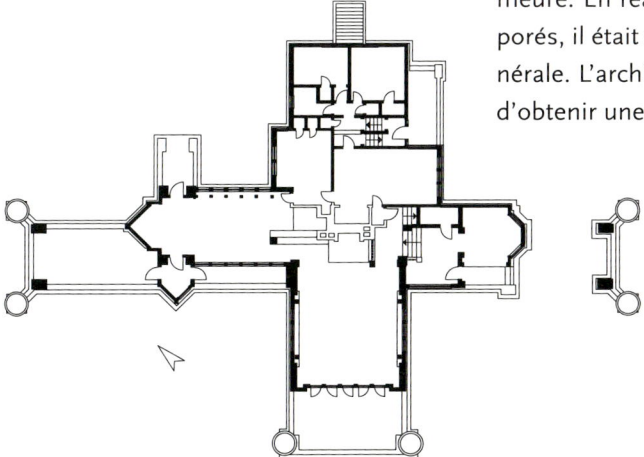

La maison de Ward W. Willits est située sur un vaste terrain de banlieue. Revêtues de crépi, ses surfaces blanches sont accentuées par des ornements en bois, peints en noir. Le plan est cruciforme. La salle de séjour, la salle à manger et les halls d'entrée sont plutôt séparés par des éléments architecturaux que par des murs et des portes. Comme dans la maison Dana, l'âtre est au centre du plan, avec des sièges encastrés tout autour. Dans ses premiers travaux, Wright expérimentait de plus en plus avec des meubles conçus par lui-même. À sa grande consternation, il remarquait que ses clients, lorsque la maison était terminée, y installaient le mobilier de leur ancienne demeure. En réalisant des bibliothèques, des sièges, des buffets et des placards incorporés, il était sûr qu'au moins le mobilier de base s'accorderait avec la conception générale. L'architecture des jardins était également établie en fonction du bâtiment afin d'obtenir une impression d'unité.

1903–1905 ▸ Bâtiment Larkin
Édifice administratif de la société Larkin
▸ **Buffalo, New York**

Ci-dessus :
Intérieur, galerie latérale

Page de gauche :
Vue extérieure

Plus que toute autre construction individuelle du XXe siècle, le bâtiment administratif de la société Larkin a exercé une influence qui a changé le visage de l'architecture. « Le bâtiment, écrivait Wright, est une simple mise au point de certaines conditions pratiques, son aspect extérieur ressemble à une falaise de briques. L'aile centrale constitue le seul « ornement » avec ses piliers sculptés situés de part et d'autre de la partie principale. La machinerie des différents systèmes d'alimentation, les conduits des tuyaux qui en font partie, les conduits d'aération et de chauffage et les escaliers qui servent également de sorties de secours sont partagés en quatre sur le plan et situés en dehors du bâtiment principal, aux quatre coins extérieurs, afin que toute la surface du bâtiment puisse être utilisée comme lieu de travail. Les cages d'escaliers ont un éclairage

Dessin en perspective et détail du plan

Fauteuil de bureau en métal verni
Frank Lloyd Wright dessina de nombreu modèles
pour l'ameublement qu'il conçut. Ce fauteuil de
bureau à roulettes fut également produit dans
une autre version permettant de l'accrocher à la
table. Ce qui simplifiait le nettoyage de la pièce.

zénithal. L'intérieur du bâtiment principal a ainsi la forme d'une grande salle unique, où les étages principaux sont des galeries s'ouvrant sur une vaste cour centrale qui est également éclairée d'en haut. Toutes les fenêtres de ces différents étages ou « galeries » sont situées à une hauteur de sept pieds au-dessus du sol, l'espace inférieur étant réservé aux armoires à dossiers en métal. Les fenêtres à guillotine sont doubles, et le bâtiment est pratiquement hermétique à la poussière, aux odeurs et au bruit. L'air frais provient de conduits situés à hauteur et se prolongeant au-dessus des toits. »

L'importance du bâtiment, considéré comme « le premier dans son genre », réside dans ses nombreux détails novateurs : meubles de bureau en acier, air conditionné, toilettes et cloisons fixées au mur, portes en verre entourées de cadres en métal avec des charnières à cheville (fixées en haut et en bas). La disposition générale du plan, incorporant des galeries ouvertes donnant sur une cour éclairée, apportait aux employés le sentiment d'être une « famille ». Ils travaillaient tous ensemble, sans bureaux individuels, ni pièces à l'écart. Ceci était une grande révolution dans la mentalité de cette époque, où le patron s'isolait habituellement de ses employés.

En haut à gauche :
Le hall centrall utilisé comme bureau paysager
Un trait particulier de ce bâtiment était le hall central à plusieurs niveaux, qui servait de bureau à espace ouvert.

En haut à droite :
Réception dans le secteur de travail, deuxième étage

1905–1907 ‣ Unity Temple
Oak Park, Illinois

Dessin en perspective

Tout comme les bureaux Larkin, le temple de l'Unité ressemble quelque peu à une forteresse, quand on le regarde de l'extérieur. Il est constitué de deux cubes en béton – le plus grand pour l'église proprement dite, l'autre pour les activités laïques – qui sont séparés par un hall d'entrée. La sensation d'espace se manifeste à l'intérieur, où quatre grandes colonnes, placées en retrait des murs extérieurs, soutiennent le plafond. Dans ce plafond plat, des ouvertures carrées sont percées. Les murs qui s'élèvent jusqu'au second étage sont dépourvus de fenêtres afin que le sanctuaire soit protégé des bruits de la rue. Au niveau supérieur, les murs deviennent des parois de verre qui rejoignent les ouvertures du toit. Ainsi, de l'intérieur, l'espace semble illimité : la lumière extérieure qui se répand dans le bâtiment vient d'en haut et de tous les côtés. Sur l'un des plans de l'intérieur, Wright notait « Espace supérieur illimité. Espace intérieur encadré seulement par des cloisons. Idée reprise plus tard dans le bâtiment Johnson, Racine, Wisconsin. J'ai inondé ces alcôves latérales avec de la lumière venant d'en haut, pour obtenir une impression de belle journée sans nuages jusque dans la pièce. Grâce à cette impression de lumière, le plafond central entre les quatre grands piliers devint de la lumière du ciel, la lumière naturelle étant tamisée entre les poutres de béton entrecroisées, en étant filtrée à travers des impostes de couleur ambre. Ainsi traitée, la lumière devait avoir la chaleur de la lumière solaire, qu'il pleuve ou qu'il fasse beau. »

Page de gauche :
Intérieur

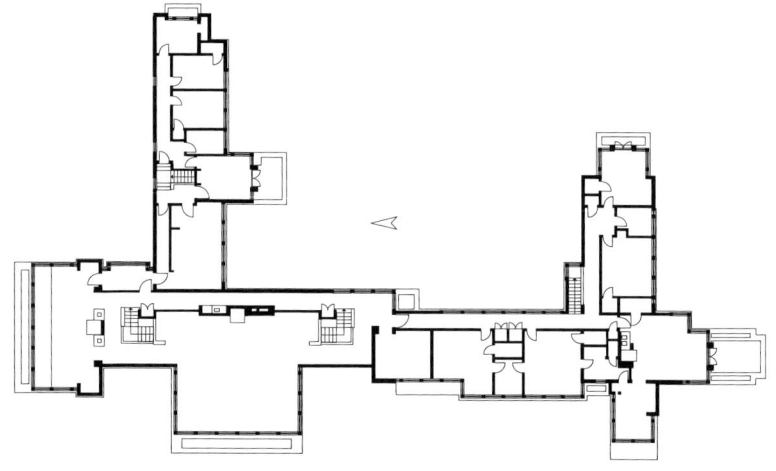

1907–1908 · Maison Avery Coonley
Riverside, Illinois

Salle de séjour
Les tapis et le mobilier furent tous conçus par Wright, avec des grilles de plafond pour l'éclairage indirect. La peinture murale est de George Niedecken.

Page de gauche, en haut :
Vue de la piscine

Page de gauche, en bas :
Plan horizontal du niveau principal

Lorsque Avery et Queene Coonley se rendirent au cabinet de Wright et le prièrent de faire les plans de leur maison, l'architecte leur demanda pourquoi ils l'avaient choisi lui plutôt qu'un autre. Mme Coonley répondit qu'ils avaient remarqué dans son ouvrage « l'expression d'un principe ». En évoquant cette commande, Wright écrivait : « Ce compliment sincère me flatta beaucoup. J'investis tout mon talent dans la maison Coonley ». Les Coonley possédaient un vaste terrain, plat et boisé, sur lequel la maison pouvait s'étendre. Wright appelait son plan un plan « partagé », en raison de la séparation des différentes fonctions : salle de séjour et salle à manger étaient situées dans une aile, les chambres débouchaient les unes sur les autres dans une deuxième aile, la cuisine et les chambres des domestiques se trouvaient dans une troisième qui traversait l'allée pour les voitures et s'étendait jusqu'aux jardins.

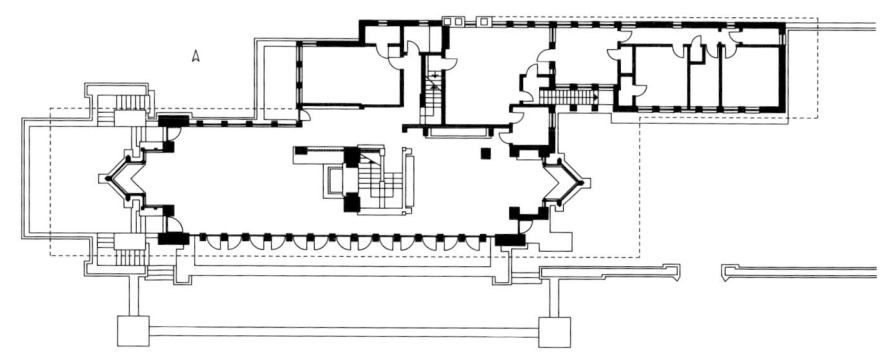

1908–1909 ▸ Maison Frederick C. Robie
Chicago, Illinois

Salle à manger

Salle de séjour

L'une des raisons du succès de la maison de Frederick C. Robie réside dans les exigences expressément formulées par le client. Il voulait une maison qui soit protégée contre les incendies, dont les espaces ne soient pas en forme de boîtes, et qui ne contienne aucun des éléments « décoratifs » habituels, comme des rideaux, des tapis vendus en magasin, etc. L'emplacement en coin du terrain de la maison Robie explique en grande partie sa forme : comme dans beaucoup de maisons de la prairie, la salle de jeux, la salle de billard, la chaufferie, la buanderie et les caves sont au rez-de-chaussée. L'entrée de la maison se trouve à ce niveau et est située latéralement. Des escaliers conduisent au niveau principal. Ce niveau est constitué d'une grande pièce, coupée en son milieu par la cheminée qui sépare la salle à manger de la salle de séjour. Les chambres se trouvent au troisième niveau et dominent la maison comme des belvédères.

Tous les meubles de la maison ont été conçus par Wright ; la table et les chaises de la salle à manger sont particulièrement célèbres. La table repose sur quatre pieds qui, à chacun des coins, dominent le dessus de la table. Ces pieds supportent des lampes en verre peint, montées sur des tiges et laissant ainsi un espace pour des compositions florales. Une intention bien précise était à l'origine de cette conception : les compositions florales, les chandeliers et les bougies qui étaient habituellement placés au centre de la table formaient un obstacle visuel entre le maître, la maîtresse de maison et leurs invités. Ici par contre, les décorations et les éclairages sont placés aux coins de la table et libèrent l'espace central.

Page de gauche, en haut :
Vue extérieure

Page de gauche, en bas :
Plan horizontal du rez-de-chaussée

1909 ‣ Maison de Mrs. Thomas Gale
Oak Park, Illinois

Dessin en perspective

Pour une maison de dimensions aussi modestes, l'élévation est d'une modernité saisissante avec les balcons en saillie et les avant-toits plats. Wright désigne ce bâtiment pour Mrs. Thomas Gale comme le « précurseur de la maison sur la cascade ». Le lien entre les deux maisons est évident. La salle de séjour et la salle à manger ne sont pas surélevées, comme c'est presque toujours le cas dans les autres maisons de la prairie, et la maison est complètement construite sur des caves. La salle de séjour donne sur une terrasse entourée de murets. Les dimensions du terrain sont plus restreintes que d'habitude et expliquent le caractère compact du plan.

1912–1913 ▸ Maison de jeux Avery Coonley
Riverside, Illinois

Vue extérieure

Fenêtre avec vitraux
Les conceptions pour les fenêtres de la maison de jeux Coonley ont un tel charme et une telle beauté qu'ils sont aujourd'hui utilisées comme les motifs de divers produits, allant de tissus à des articles de verrerie, approuvés par la Fondation Frank Lloyd Wright dans son programme de concession de licences.

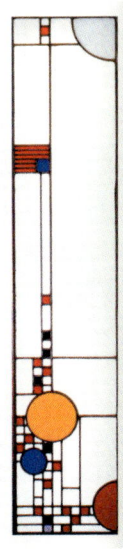

Avery et Queene Coonley s'occupaient intensivement d'éducation. L'école privée fut la réponse de l'architecte. Les lignes droites, les formes fuselées, les toits plats en saillie, les treillis perforés et la composition générale du plan préfigurent des travaux comme les Midway Gardens, la maison Emil Bach et l'Hôtel Impérial. Les vitres aux tons vifs intitulées « Ballons et Confettis » forment une caractéristique particulièrement ravissante.

1911–1959 ▸ Taliesin

Maison, atelier et ferme de Frank Lloyd Wright
▸ **Spring Green, Wisconsin**

Page de gauche :
Loggia bleue, Taliesin III, 1925

Salle de séjour, Taliesin II, 1915

« Taliesin » est un mot gallois qui signifie le sommet radieux. Deux raisons expliquent le choix de ce nom pour la maison du sud-ouest du Wisconsin : les origines galloises de Wright et l'emplacement de la maison sur le sommet de la colline. La construction basse à un étage enserrait le sommet de la colline et offrait une vue spectaculaire sur le lac dans la vallée et sur les collines environnantes. L'autre côté de la maison et de l'atelier, qui formaient un L allongé, donnait sur une cour et un jardin. Deux fois détruit par le feu, le bâtiment qui existe aujourd'hui, Taliesin III, est une construction bien plus vaste qui a encore conservé la relation harmonieuse avec le flanc de la colline, les jardins et la crête de la colline.

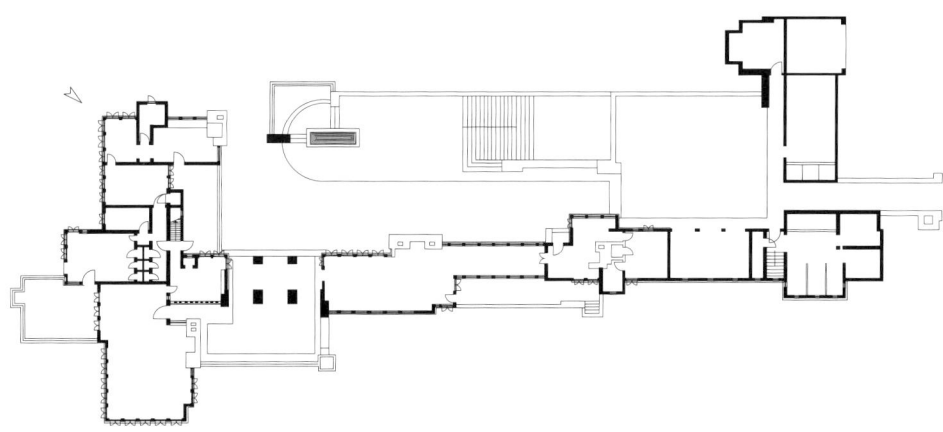

Plan horizontal, Taliesin I

1912–1914 ▸ Maison Francis W. Little

« Northome » ▸ Wayzata, Minnesota

En 1900, Wright dessina les plans et construisit une maison pour Francis W. Little à Peoria, Illinois. En 1908, les Little lui demandèrent d'établir les plans pour une maison d'été sur les bords du lac Minnetonka, près de Minneapolis. Plans qui toutefois ne dépassèrent pas le stade du tracé préliminaire. En 1911/12, les Little prièrent Wright de dessiner les plans d'une maison plus vaste. Pris par ses voyages en Europe et au Japon, ce n'est qu'en 1913 qu'il put enfin les terminer.

La maison s'étendait sur un petit vallon qui fait face au lac. Un escalier assez monumental, avec des marches en béton et encadré de murets en brique, conduisait au niveau principal qui comprend la salle de séjour, la bibliothèque et les chambres. Au niveau inférieur se trouvaient une salle à manger avec une terrasse au bord du lac, une cuisine et une chambre d'ami. La maison fut démolie en 1972, mais les pièces principales et les travaux en verre furent épargnés. La salle de séjour se trouve maintenant au Metropolitan Museum of Art de New York et la bibliothèque au Allentown Museum en Pennsylvanie.

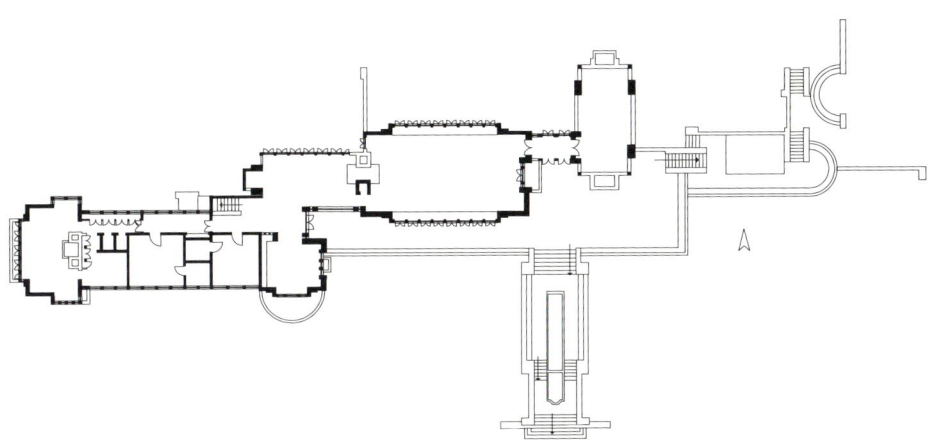

Plan horizontal, niveau principal

Page de gauche :
Installation de la salle de séjour au Metropolitan Museum of Art, New York
Les bandes en bois sont typiques de l'utilisation par Wright de « bandes de renfort », destinées à ajouter des caractéristiques architecturales intégrées sur le plafond et allant jusqu'aux fenêtres à claire-voie. La statue de la « Victoire de Samothrace » était une reproduction que Wright admirait beaucoup, et elle fut spécialement choisie pour plusieurs résidences de ses clients.

1915–1922 ▸ Hôtel Impérial
Tokyo, Japan

L'Hôtel Impérial de Tokyo est un exemple suprême de l'utilisation du béton armé. Dans ce bâtiment, deux considérations étaient de la plus haute importance : d'une part, la construction devait résister aux tremblements de terre et d'autre part, elle devait être protégée contre les incendies qui suivaient ces derniers. Pour assurer une protection contre les incendies, il fallait abandonner les matériaux traditionnels – bois et papier – de l'architecture japonaise et se tourner vers le béton armé, la pierre et la brique. Afin que le bâtiment soit capable de survivre aux séismes, Wright développa un système de fondations, allié à une charpente de soutien, qui était encore totalement inconnu en architecture. Le principe était le porte-à-faux, la charge en équilibre, évoquant le plateau que le garçon de restaurant tient à bout de bras au-dessus de sa tête. À la place des toits aux lourdes tuiles de l'architecture japonaise traditionnelle, le toit de l'Hôtel Impérial était recouvert de minces plaques de cuivre. Toute la construction reposait sur un ensemble de minces montants en béton, d'une profondeur de neuf pieds et ayant un intervalle de deux pieds, qui reliaient le bâtiment à une couche d'argile. La souplesse, obtenue grâce au béton armé, fut le principe qui sauva le bâtiment lors du séisme Kanto de 1923.

Page de gauche :
La promenade

Vue de la salle à manger sur la « Peacock Room »

1917–1920 ▸ Maison Aline Barnsdall
« Hollyhock House » ▸ Los Angeles, Californie

En 1922, Wright retourna aux États-Unis après avoir achevé la construction de son hôtel au Japon. Il s'installa à Los Angeles afin de poursuivre le travail qu'il réalisait pour Aline Barnsdall. La passion de Mme Barnsdall était le théâtre. Elle avait acheté une très grande propriété dans le centre de Los Angeles, appelée Olive Hill. Au pied de la colline, elle avait prévu un grand théâtre, un cinéma, des habitations et une série de magasins. Au sommet de la colline devait être édifiée sa propre maison « Hollyhock House ». Aucun des autres plans ne fut réalisé. Sa maison, toutefois, ainsi que deux autres, nommées Résidence A et Résidence B, furent construites. La maison s'adaptait au climat : les murs qui doivent affronter le soleil de Californie ont un minimum de vitrage, tandis que de grandes portes en verre s'ouvrent sur un patio central, plein de fraîcheur.

À droite :
Salle de séjour

En bas :
Plan

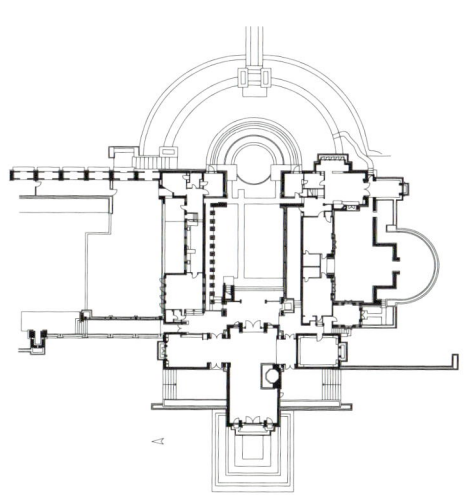

Page de gauche :
Vue de face

1921 ▸ École Jiyu Gakuen
Tokyo, Japan

Pour ce bâtiment situé en plein cœur de Tokyo, Wright réalisa tous les détails en gardant à l'esprit qu'il s'adressait à de jeunes enfants. Les dimensions des salles, tout comme celles du mobilier, ont été calculées en fonction de la taille des enfants. Wright et Arata Endo, son associé au Japon, écrivirent : « Ce petit bâtiment scolaire a été conçu pour le Jiyu Gakuen – dans le même esprit que celui sous-entendu par le nom de l'école – un esprit libre. Il s'agissait de réaliser un lieu simple et gai pour des enfants heureux, sans prétention et naturel. » Lorsque Madame Hani, la fondatrice de l'école, décéda en 1957, Wright adressa à l'école ces lignes à sa mémoire : « Notre chère Madame Honor Hani fut notre inspiration à nous tous ! Avec Endo San, je construisis à Tokyo la petite école du Libre Esprit pour les Hani pendant que nous réalisions l'Hôtel Impérial pour le Mikado. Lorsque nous eûmes terminé la construction de l'école, le groupe d'élèves de Madame Hani – de jolies petites filles aux yeux de prunelle et à la chevelure d'ébène – exécuta un tableau que je n'oublierai jamais. Il avait été réalisé pour la cérémonie d'inauguration, à laquelle Endo et moi-même avions été conviés. Madame Hani présidait. Je ressentis alors comme maintenant qu'elle était un sage en matière d'éducation et bien en avance sur son époque. Elle comprenait et aimait les idées culturelles de sa nation, mais – ce qui est tout aussi important – elle savait comment inculquer l'amour de la beauté aux jeunes esprits confiés à ses soins. »

De haut en bas :
Salle des fêtes
Vue extérieure

Salle de classe

Salle des fêtes

Page de gauche :
Salle à manger

1923–1924 ▸ Maison Alice Millard
« La Miniatura » ▸ Pasadena, Californie

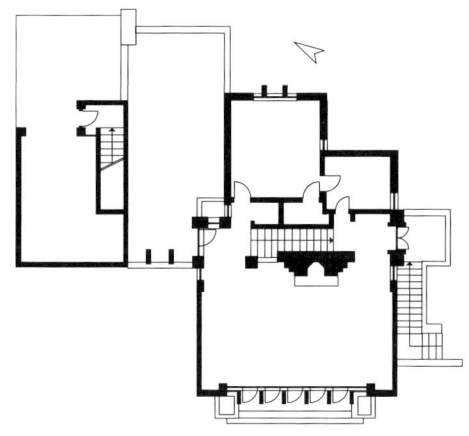

En haut :
Plan

Salle de séjour
Alice Millard était marchande de livres rares, tableaux, gravures et antiquités. Sa maison était également sa galerie.

En règle générale, les travaux de Wright sont horizontaux ; assurément, la grande majorité des « Prairie houses » ont cette forme et certains ouvrages plus importants comme les Midway Gardens et l'Hôtel Impérial présentent cette caractéristique. Son intention était d'en accentuer la longue et basse ligne horizontale. Mais ici, dans un ravin étroit de Pasadena, le travail présente des éléments très verticaux et a une signification verticale. La maison pour Alice Millard fut la première à être construite selon un nouveau système inventé par Wright et nommé « construction avec blocs en texture ». « En prenant ce matériau proscrit et dédaigné de l'industrie du bâtiment – le bloc de ciment ... nous découvrîmes en lui une âme insoupçonnée – qui l'anime et lui prête une beauté – dont la texture est semblable à celle des arbres. Tout ce que nous avions à faire était de le travailler, de l'affiner et de le lier avec de l'acier dans les joints ... Les murs devenaient alors des plaques fines, mais solidement renforcées, et se prêtaient à toutes les formes imaginables. »

Page de gauche :
Vue de l'entrée

1923–1924 · Maison Charles Ennis
Los Angeles, Californie

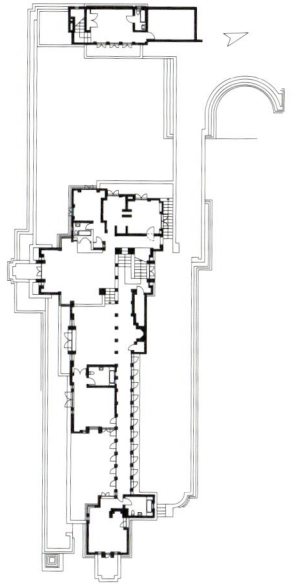

Une grande partie de la maison pour Charles Ennis doit son effet aux murs de soutènement en blocs massifs de béton, qui soutiennent l'édifice sur le versant abrupt de la colline. Les autres maisons en blocs de béton, construites par Wright dans la même région et à la même époque, ont été édifiées à une échelle qui est plus typique de sa conception de l'architecture d'habitation. C'est ce qu'il appelait « l'échelle humaine », indiquant ainsi le rabaissement des hauteurs inutiles à une échelle plus conforme à ses occupants.

La maison Ennis représente toutefois une exception catégorique à cette règle : les pièces sont hautes, avec des plafonds élevés justifiant la masse de béton qui, vue de l'extérieur, s'élève au-dessus des fenêtres. Sur le plan, la maison est principalement composée de deux chambres et d'une chambre d'ami adjacente à la salle à manger. Les chambres, conçues pour les premiers propriétaires, sont éloignées l'une de l'autre et reliées par une longue galerie couverte et une terrasse en plein-air. La salle à manger, la cuisine et la chambre d'ami sont à un niveau surélevé par rapport à la salle de séjour. Cette maison fut l'une des dernières où Wright employa des vitraux et l'une des premières, avec la maison Freeman, où il utilisa des fenêtres à onglet.

En haut :
Plan

Salle de séjour

Page de gauche :
Vue générale

1929 ‹ «Ocatillo»
Camp de désert Frank Lloyd Wright ▸ près de Chandler, Arizona

Vue partielle

« Je découvris alors que la toile blanche lumineuse au-dessus de nos têtes, et la toile utilisée à la place des vitres, permettaient une diffusion si agréable de la lumière à l'intérieur, étaient si bienfaisantes et en harmonie avec le désert, que je me sentis plus que jamais opprimé à l'idée du plafond solide et opaque de la bien trop lourde maison du Middle West. «Ocatillo» – notre petit camp du désert – tu es éphémère, mais tu planteras néanmoins une graine ou deux toi-même au cours du temps. » Ces graines poussèrent pour devenir Taliesin ouest une décennie plus tard.

Lorsque Wright se rendit à Chandler, en Arizona, pour établir le plan de l'hôtel San Marcos-in-the-Desert, il put choisir, pour son lieu de résidence, entre deux possibilités que lui proposait son client, le Dr Alexander Chandler : soit il louait une habitation pour sa famille et les dessinateurs, soit il construisait un abri dans le désert, à proximité de l'endroit où s'élèverait le nouvel hôtel. Wright choisit bien sûr la seconde solution et Chandler le laissa manier la pioche où il le désirait. Le campement dans le désert, baptisé Ocatillo d'après le cactus poussant dans la région, fut sa première expérience avec les textiles comme matériau d'architecture.

1932–1939 ‣ Complexe de la Communauté
Taliesin, Spring Green, Wisconsin

Wright au travail dans la salle de dessin de Hillside.

En 1932, le bâtiment de l'école privée de Hillside, datant de 1902, fut l'objet de transformations et devint le complexe de la Communauté Taliesin, afin d'abriter l'école d'architectes nouvellement fondée. Au nord du bâtiment original, on ajouta une grande salle de dessin, achevée en 1939, avec huit pièces d'apprentissage de chaque côté. À cause de l'armature enchevêtrée des poutres de chêne, Wright désignait cette salle sous le nom de « forêt abstraite ». Lorsque cette salle fut terminée, tous les travaux architecturaux furent transportés de Taliesin à Hillside, qui se trouvait à peu près à cinq cents mètres, et l'atelier d'origine de Taliesin fut alors transformé en bureau personnel de Wright.

1934–1935 ‣ Maison Malcolm Willey
Minneapolis, Minnesota

Vue extérieure

Deux plans différents ont été réalisés pour les Willey. Le premier représentait une maison à deux étages avec de nombreuses caractéristiques – caractéristiques qu'il développera plus tard dans ses « Usonian houses » – et s'avéra trop coûteux. Le second est un plan à un étage, qu'il avait nommé « le mur du jardin » en raison de l'emplacement du bâtiment, le long d'un mur en brique, à l'extrémité de la propriété. Ceci afin de profiter le plus possible du paysage. Le plancher est recouvert de briques de deux couleurs différentes. Les rangées sont posées en alternance. Les murs sont recouverts de la même façon. Le mobilier d'origine reflète la nouvelle direction empruntée par Wright dans le design et conduit presque naturellement aux meubles en contre-plaqué qui seront développés plus tard pour les « Usonian houses ».

Page de gauche :
Alcôve pour dîner dans la salle de séjour

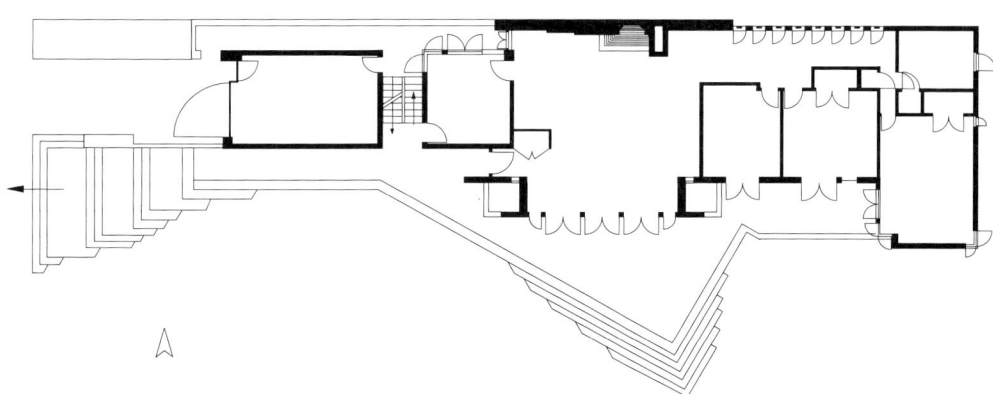

Plan horizontal

1935–1939 · Maison Edgar J. Kaufmann
« Fallingwater » ▸ Mill Run, Pennsylvanie

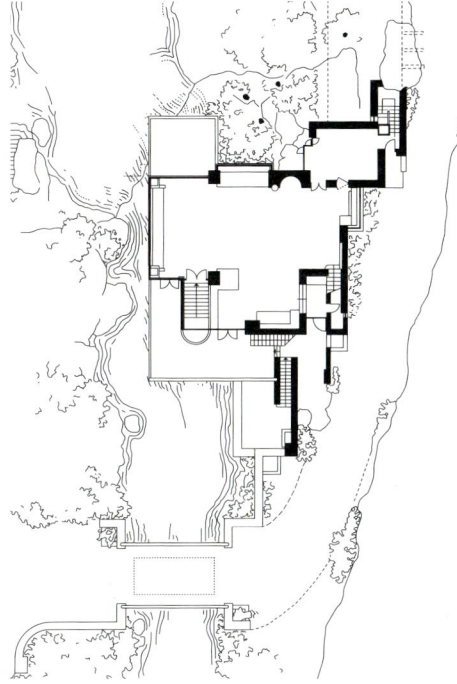

Plan

Salle de séjour

Page de gauche :
Vue de sous les cascades

Lors d'une discussion avec les membres de la Communauté Taliesin, Frank Lloyd Wright dit en parlant de cette maison pour Edgar J. Kaufmann : « Fallingwater est une grande bénédiction parmi celles que l'on peut recevoir ici sur Terre. Je pense que rien n'a encore jamais égalé la coordination, l'expression vibrante du principe de sérénité où forêt, rivière, rocher et tous les éléments de la construction forment une association si tranquille qu'en fait vous ne percevez aucun bruit quel qu'il soit bien que la musique du torrent existe. Vous écoutez Fallingwater de la façon dont vous écoutez le calme de la campagne... » Ce que le bâtiment arrive à accomplir avec peut-être plus d'emphase que n'importe quelle autre habitation privée, c'est de placer l'homme en relation avec la nature. Cet important aspect de l'homme et du paysage était profondément ancré en Wright. Fallingwater est célèbre dans le monde entier, en particulier par les photographies prises à la base de la cascade et représentant les balcons et les terrasses en encorbellement. Dans cette maison, Wright a placé ses occupants en relation étroite avec la gorge de la montagne, les arbres, le feuillage et les fleurs sauvages. À l'intérieur du bâtiment, la gloire de l'environnement naturel est partout accentuée, introduite et transformée en partie intégrante de la vie quotidienne. L'étage principal s'ouvre sur trois vues différentes ; les terrasses sont situées dans deux directions : la première donne sur le côté en amont, la seconde surplombe les rochers et la cascade. Les chambres des niveaux supérieurs ont chacune leur terrasse. Le cabinet de travail et la chambre en galerie du troisième étage donnent aussi sur une terrasse extérieure.

Tous les éléments verticaux de la maison sont construits en pierre du pays, avec des « saillies » ou pierres légèrement en relief afin de prêter à la surface des murs un aspect plus sculptural. Tous les éléments horizontaux sont en béton coulé. Les sols sont partout recouverts de pierre ; il en est de même pour les murs. Les travaux de menuiserie sont en noyer madré et ont été réalisés avec beaucoup de dextérité.

1935–1937 ‣ Maison Paul et Jean Hanna

« Honeycomb House » ‣ Stanford, Californie

Page de gauche :
Salle de séjour

Dans sa continuelle recherche pour un plan plus flexible, un plan qui aurait pour résultat un espace intérieur également plus souple, Wright adopta l'hexagone, et la trame hexagonale, qu'il préféra au carré ou au rectangle. Dans sa première application avec la maison Hanna, la trame hexagonale fournit la base du plan. La maison pour Paul R. et Jean Hanne n'est pas en elle-même un hexagone, mais a un plan dont les angles (120 degrés) sont plus larges que les angles habituels de 90 degrés. En tant que prototype, le projet exigeait un grand nombre de dessins pour développer le plan et pour fournir des plans de construction faciles à comprendre pour l'entrepreneur et les ouvriers.

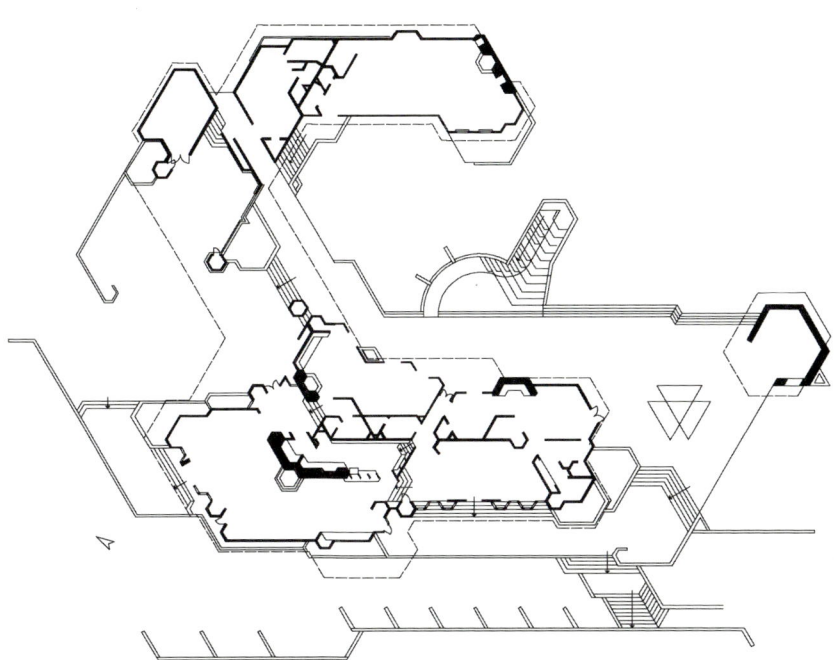

Plan

Dessin en perspective

7654

1936–1939 ▸ Bâtiment Johnson
S. C. Johnson & Son Company ▸ Racine, Wisconsin

Quand le nouveau bâtiment administratif de la société S. C. Johnson & Son ouvrit ses portes, après trois ans de construction, il fit immédiatement sensation dans le monde entier. Dans son numéro du 8 mars 1939, le magazine Life le caractérisait de la façon suivante : « Spectaculaire comme le plus prestigieux décor d'Hollywood, il représente simplement la solution du génie créatif au problème posé par la conception d'un lieu, qui doit être le plus fonctionnel et le plus confortable possible tout en étant beau, et où directeurs et employés de la société Johnson Wax peuvent travailler. » L'immeuble était situé dans une zone industrielle et Wright décida à nouveau de créer un espace fermé et hermétique avec un éclairage zénithal, comme il l'avait fait avec le bâtiment Larkin. Dans la grande salle de travail, une multitude de colonnes en béton s'élevait en s'arrondissant au sommet et formait le plafond. Dans les espaces entre les cercles étaient placés des faisceaux de tubes de verre. Aux angles, là où les murs rejoignent habituellement le plafond, des tubes de verre avaient été encastrés, montaient jusqu'au plafond et étaient reliés aux espaces zénithaux. Tout le mobilier, fabriqué par Steelcase, a été conçu spécialement pour le bâtiment. Le rouge-brun chaud des briques recouvre également la dalle de béton du rez-de-chaussée ; les ornements en pierre blanche et les colonnes en béton forment un contraste subtil.

Page de gauche :
Vue de l'entrée

Grande salle de travail

1937–1959 ▸ Taliesin ouest

Maison et atelier de Frank Lloyd Wright
▸ **Scottsdale, Arizona**

Depuis l'époque de son premier long séjour en Arizona, en 1927, Wright avait toujours désiré retourner dans cette région du désert Sonoran afin de fuir les rigoureux hivers du Wisconsin. En 1937 finalement, Wright et sa femme firent un voyage à Phoenix pour chercher un terrain. Dans le désert au nord de Phoenix, et aux pieds des monts McDowell, ils découvrirent une propriété que Wright qualifiait de « regard sur les confins du monde ». Grâce à son imagination créatrice, les plans pour les nouveaux bâtiments furent rapidement réalisés. Pendant qu'il faisait les plans pour les différents bâtiments du complexe, on rassemblait les pierres et le sable, on préparait le sol et on érigeait la charpente pour la maçonnerie des murs. La structure du toit, s'inspirant du plafond d'Ocatillo d'il y a dix ans, était une construction de poutres en bois de séquoia. Une toile blanche était tendue sur les cadres en bois et le tout était intercalé entre les poutres inclinées. Par la suite, il chercha à la rendre plus durable et plus résistante, en y ajoutant du verre et de l'acier et en modifiant son aspect original de « campement ».

Petite tour de la cour d'entrée

Page de gauche :
Salle de dessin du côté sud
Salle de dessin vue au-delà de la piscine triangulaire, avec la salle à manger à droite. Les poutres en bois de la salle de dessin portent des panneaux encadrés en toile blanche. Au rez-de-chaussée, des panneaux encadrés supplémentaires en toile blanche forment des marquises pour les repas en plein air, au soleil du désert.

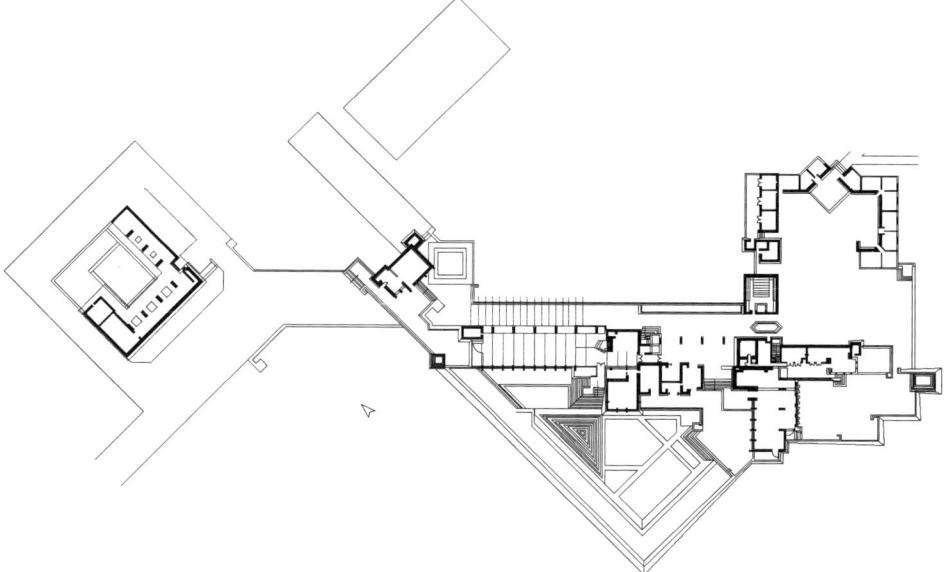

Salle de séjour « Sun Trap » dans la résidence isolée de la fille de Wright

Voici le site de la résidence des Wright avant que Taliesin ouest soit construit. À l'origine, c'était une série de trois « Boîtes à dormir », dont chacune était faite en bois et toile avec un lit, une table et une penderie. Celles-ci étaient groupées autour d'une terrasse en partie fermée, avec une grande cheminée à une extrémité.

Plan

Intérieur de la salle de dessin

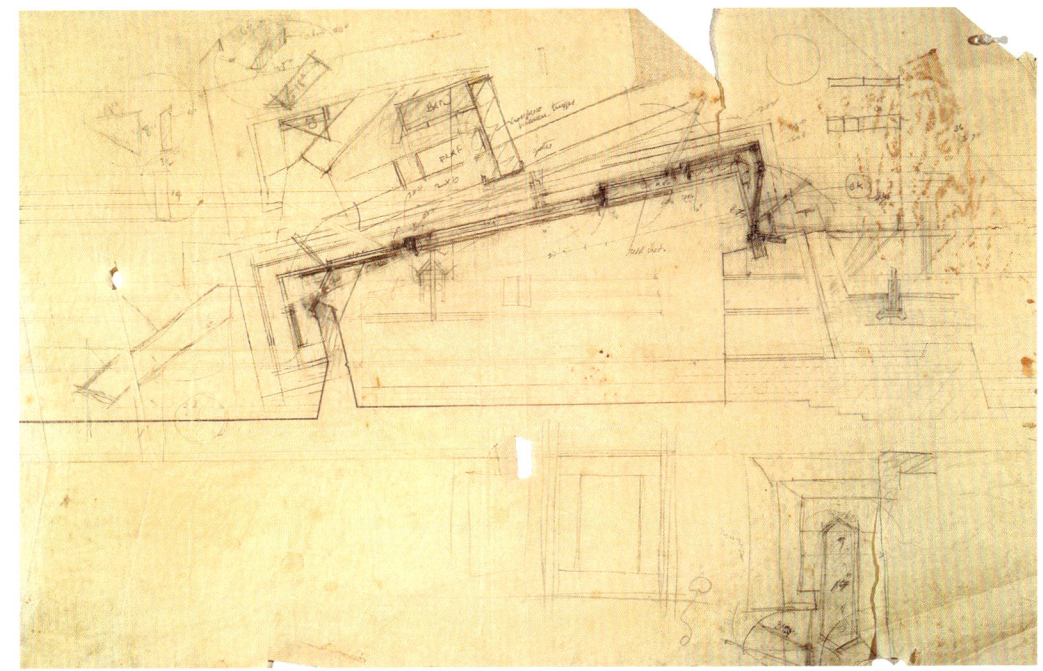

Section de la pièce donnant sur
le jardin

1938–1940 · Maison John C. Pew
Shorewood Hills, Wisconsin

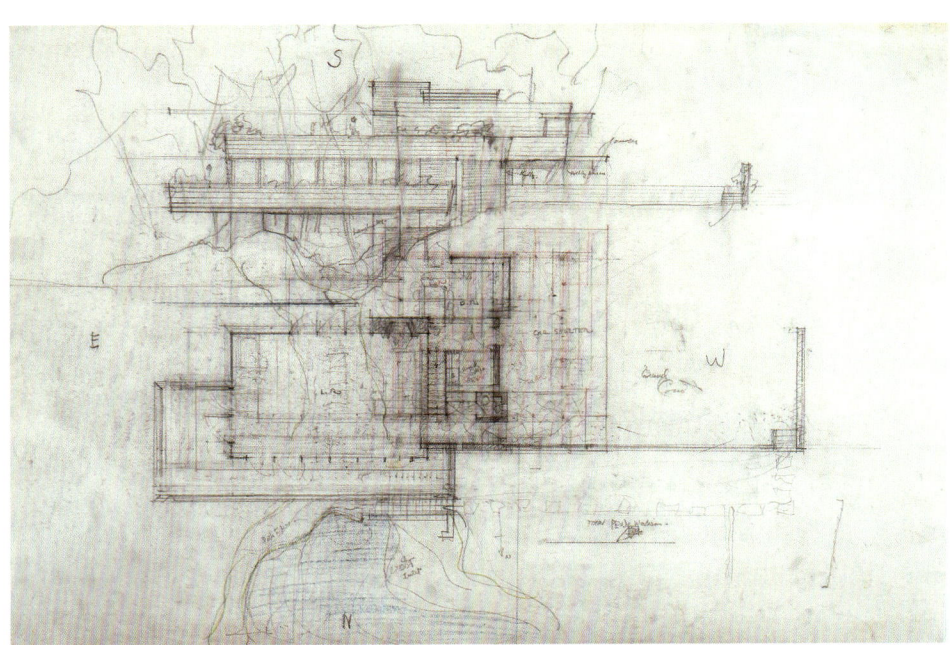

Dessin, esquisse préliminaire et vue à partir de la berge du lac

John C. Pew avait choisi pour sa maison du Wisconsin un terrain étroit et encadré, de chaque côté, par des maisons voisines. Toutefois, la pente accentuée de la parcelle, située entre la route en haut et le bord de l'eau en bas, ainsi que la profusion d'arbres et de buissons, permirent à Wright de concevoir une maison qui semble complètement isolée et préserve l'intimité. Ceci fut possible en plaçant la maison dans un angle formé par le lac, dans « l'angle rentrant » pour reprendre les termes de l'architecte. Le bâtiment est à vrai dire un grand balcon composé de petits balcons et l'effet qu'il produit n'est pas celui d'une maison sur un terrain enserré, mais d'une maison placée parmi les branches des arbres, dont le regard plonge à travers le feuillage sur le lac à ses pieds.

Page de gauche :
Vue de la berge du lac

1939–1940 › Maison Rose Pauson
Phoenix, Arizona

Page de gauche :
Vue du côté sud

La vue en perspective dessinée pour ce projet montre bien l'étroite et harmonieuse association entre la maison et le désert. Avec cette vue, on a l'impression que la maison de Rose et Gertrude et le désert sont apparus simultanément. La salle de séjour étant exposée au nord, il n'était pas nécessaire de construire un avant-toit ; les fenêtres du deuxième étage donnent sur une chaîne de montagnes au loin. Rose Pauson et sa sœur Gertrude n'y habitèrent que pendant une saison. Lorsqu'elles retournèrent à San Francisco, leur ville natale, elles louèrent la maison qui fut ensuite détruite par un incendie. Comptant parmi les ouvrages d'habitation les plus raffinés, sa perte était vraiment tragique.

Esquisse en perspective

1943–1950 ▸ Tour de recherche Johnson
S. C. Johnson & Son Company ▸ Racine, Wisconsin

Lorsque la société S. C. Johnson & Son envisagea d'ajouter un laboratoire de recherche à ses établissements de Racine, un grand nombre de ses employés pensait que ce projet pouvait être réalisé par n'importe quel ingénieur capable. Herbert F. Johnson, qui avait chargé Wright en 1936 de la construction des bureaux, s'aperçut toutefois que le bâtiment qui s'élèverait à côté du bâtiment administratif devrait s'harmoniser avec le caractère de celui-ci. « J'ai vu bon nombre de ces édifices plats et à méandres appelés laboratoires, écrivait Wright, les conduits courent ici et là et partout, et sont une course d'obstacles pour tout le monde ». Ce qu'il proposait était un ensemble de quatorze niveaux : sept avec un plan carré et surmontés chacun d'une mezzanine circulaire. Toute la surface extérieure était gainée de tubes de verre, comme le bâtiment administratif adjacent, avec une plaque de verre insérée dans l'espace intérieur pour accroître l'isolation. « Ceci me sembla être une solution naturelle et ce laboratoire solaire, que nous appelons maintenant « Helio-lab », vint à la vie grâce à son propre souffle et en offrant toutes les possibilités d'un ravissant lieu de travail ensoleillé, aux liaisons directes. »

Construits en porte-à-faux, les étages s'étendent comme les branches de l'arbre, offrant suffisamment de séparations verticales pour les différents services. L'ascenseur et les escaliers sont situés dans la partie centrale et relient tous ces services les uns aux autres. Pareils au modèle cellulaire du tronc de l'arbre, les systèmes d'alimentation et les nombreux tuyaux d'arrivée et d'échappement du laboratoire montent et descendent jusqu'au dispositif central d'alimentation. Les fondations en béton armé pour ce noyau central portaient le nom de « tap root » (pile enfoncée dans le terrain) et reposaient sur une idée proposée par Frank Lloyd Wright, en 1929, pour la tour St. Marc de New York. Le même type de fondations fut encore utilisé, en 1952, dans la tour H. C. Price, à Bartlesville, Oklahoma. Libérée ainsi d'éléments de soutènement périphériques, la tour s'élève gracieusement, avec un jardin et des pièces d'eau qui entourent sa base, tandis qu'un vaste espace abrité offre sur les trois côtés un grand parking.

Vue extérieure

1943–1959 ‣ Musée Guggenheim
New York, New York

Quand on lui demanda pourquoi il avait choisi la rampe au lieu des planchers plats traditionnels, Wright répondit qu'il croyait que le visiteur du musée trouverait bien plus pratique d'entrer dans le bâtiment, de prendre l'ascenseur jusqu'à la rampe supérieure, de redescendre petit à petit la rampe qui domine une cour ouverte, d'avoir toujours la possibilité de prendre l'ascenseur, vu que la rampe conduit à celui-ci à chaque niveau, pour remonter ou pour descendre aux niveaux inférieurs, et de se trouver finalement, au terme de la visite, au rez-de-chaussée près de la sortie. Wright ajoutait que dans de nombreux musées traditionnels, le public doit traverser de longues galeries et refaire le chemin parcouru simplement pour retrouver le point de départ et quitter le musée. Guggenheim était rempli d'enthousiasme pour ce concept de spirale ascendante et il soutint le projet jusqu'à sa mort en 1949. Entre 1943 et 1956, la construction du bâtiment fut plusieurs fois repoussée, en raison de changements dans les conditions de l'emplacement, des règlements relatifs à la construction, de changements de

Frank Lloyd Wright inspecte la construction du musée Guggenheim à New York en 1957.

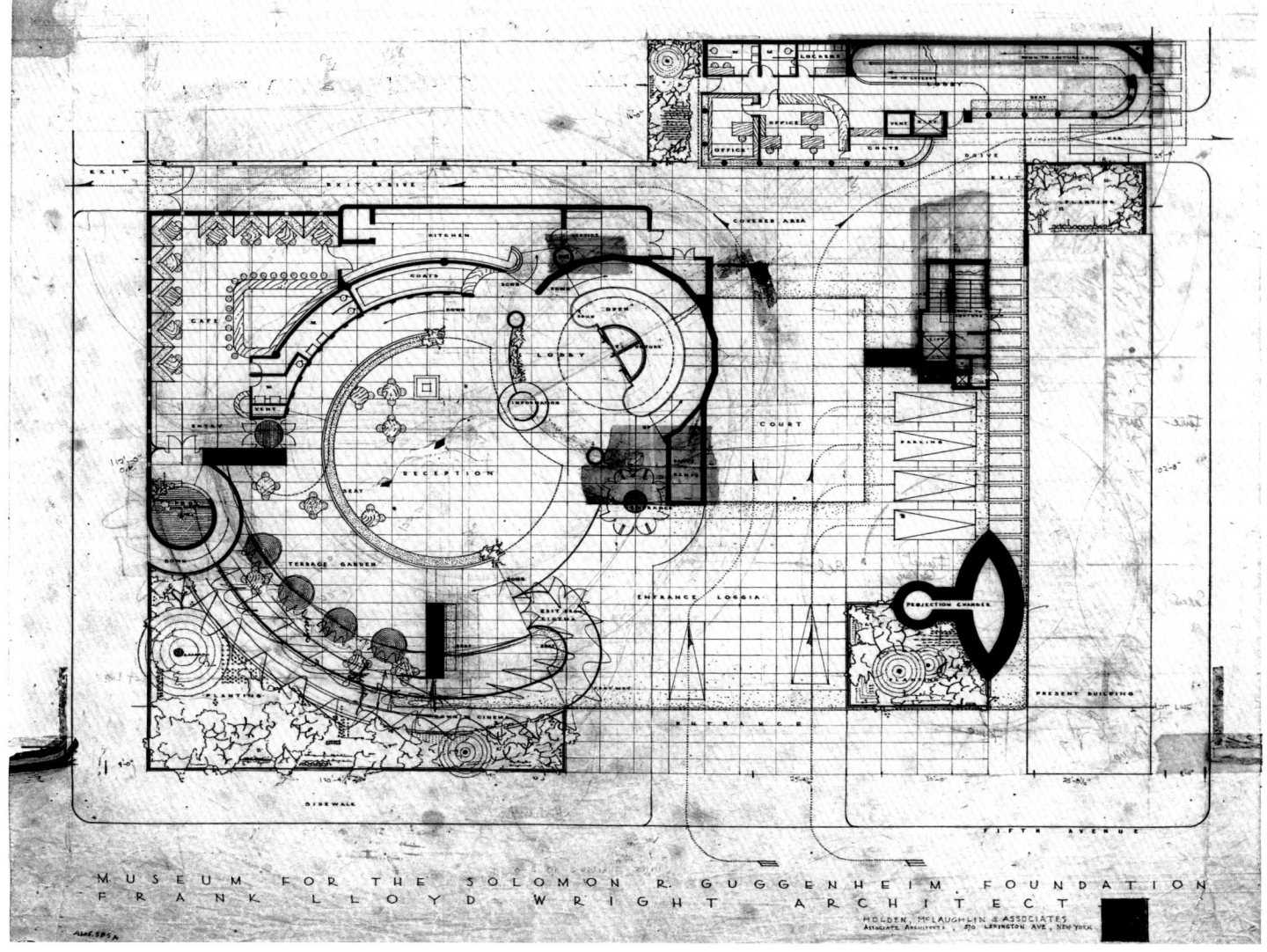

Première proposition de plan

programme du musée et d'augmentations dans le coût des matériaux et de la construction. Enfin, le 16 août 1956, on ouvrit le sol et la construction de l'édifice commença. Quand Wright mourut en avril 1959, le bâtiment était en grande partie terminé, et il ne manquait que les derniers détails. Six mois plus tard, le 21 octobre, le musée fut ouvert au grand public.

Pendant la construction du bâtiment, une lettre fut envoyée au directeur et aux administrateurs du musée. Elle était signée par de nombreux artistes qui se plaignaient que les murs et les rampes inclinés ne conviendraient pas à une exposition de tableaux. « Pourquoi croyez-vous que les murs du musée Solomon R. Guggenheim sont légèrement inclinés vers l'extérieur ? Parce que le fondateur et son architecte pensent que les tableaux accrochés à des murs s'inclinant légèrement vers l'arrière peuvent être vus sous une meilleure perspective et sont mieux que s'ils étaient placés droits comme des piquets. Ceci est la caractéristique principale de notre bâtiment et c'est en se basant sur cette hypothèse que le musée fut construit. Cette idée est nouvelle, mais elle est juste. C'est une idée qui peut servir de précédent de grande valeur. »

Rez-de-chaussée de la rotonde

Page de gauche :
Salle de séjour

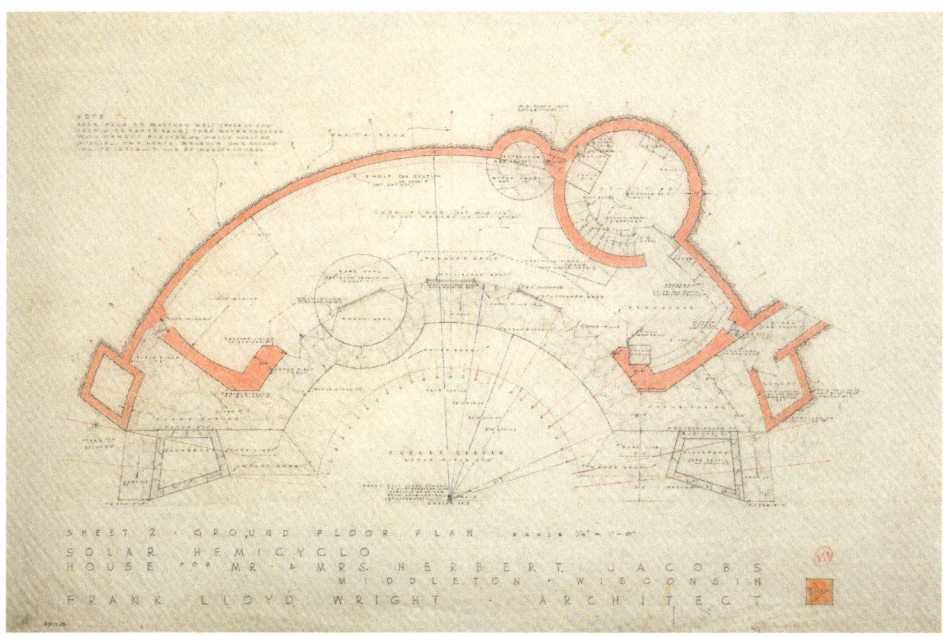

Plan horizontal du rez-de-chaussée

Vue en direction de l'entrée
On entre dans la maison par un tunnel qui pénètre dans le bas-côté du côté septentrional de la maison. Ci-dessus, à droite, on voit la masse circulaire qui contient l'escalier et les services essentiels au rez-de-chaussée, avec des escaliers et une salle de bain au niveau de la mezzanine. À gauche et à droite de cette masse se trouvent les hautes fenêtres des chambres à coucher en mezzanine.

Pour une maison située dans un site au climat froid, Wright avait imaginé un plan qu'il nomma « Solar Hemicycle ». Le bâtiment pour Herbert Jacobs est conçu sur un plan en hémicycle ; le mur exposé au nord est protégé par un remblai pour une meilleure isolation et le mur exposé au sud s'élève sur deux étages et est constitué de fenêtres et de portes en verre qui captent la chaleur du soleil en hiver. L'avant-toit de la face sud projette, en été, son ombre sur les baies vitrées, tandis qu'en hiver celles-ci sont directement exposées à la chaleur du soleil, profitant ainsi de la course elliptique du soleil. Le balcon, qui contient les chambres à coucher, est accroché aux chevrons du plafond et soutenu par des montants en acier qui sont intégrés aux parois et encastrés dans les solives du plancher. De cette façon, on obtient un espace continu au rez-de-chaussée qui est dépourvu de toute paroi soutenant le niveau supérieur.

1947–1949 ▸ Église unitarienne
Shorewood Hills, Wisconsin

À cette époque, en 1947, l'église petite ou moyenne aux États-Unis était une longue caisse de style colonial, avec un haut clocher posé dessus et, fréquemment, un porche classique quelconque. Wright sentait que ces formes ne convenaient ni aux États-Unis, ni au XXᵉ siècle. « Dans cette Église de l'Unité vous voyez que l'unitarisme, auquel croyaient mes ancêtres, a trouvé son expression dans un bâtiment construit par l'un de leurs descendants. L'idée unitarienne prône l'unité. Les Unitariens », poursuit Wright, « croyaient en l'unité de toutes choses. J'ai donc tenté ici de construire un bâtiment qui exprime ce sens suprême de l'unité. Le plan que vous voyez est triangulaire. Le toit est triangulaire, et à partir de cette triangulation (ou aspiration), on obtient cette expression de respect religieux, sans faire appel à un clocher. » Wright compara souvent la ligne du toit de l'église à « des mains jointes dans une attitude de prière. »

Ci-dessus :
Intérieur

Page de droite :
Vue du côté est

1948–1950 ▸ Magasin de cadeaux V.C. Morris
San Francisco, Californie

Etant donné que le magasin Morris, situé sur la Maiden Lane à San Francisco, fut édifié en 1949 et que le musée Guggenheim fut commencé en 1956, on croit souvent à tort que les plans du magasin furent réalisés en premier et qu'ils servirent plus ou moins d'inspiration pour la conception du musée. En fait ce fut dans le musée, dont les premiers plans remontent à 1943, que Wright utilisa pour la première fois la rampe comme élément caractéristique du bâtiment. Toutefois, dans le magasin Morris, la rampe est moins une caractéristique, bien que sa présence domine le plan intérieur, qu'un passage reliant le rez-de-chaussée au premier étage. Le magasin qui existait auparavant a été complètement transformé. À la place de la vitrine habituelle, Wright a construit un pan de mur en brique avec une arcade en brique et en verre.

Les clients exprimèrent un certain désarroi devant ce magasin de cadeaux sans l'habituel étalage sur la rue. Wright expliqua que dans cette conception, les marchandises n'étaient pas précipitées sur le trottoir, mais que le tunnel à arcades, avec sa vitrine et sa vue sur le magasin, inciterait ceux qui font leurs courses à jeter un coup d'œil, à voir les articles sur le rebord en pierre installé à cet endroit sous l'arcade, puis à ouvrir la porte. Avec humour, Wright appela cette entrée « le piège à souris ». Une fois à l'intérieur, le client est accueilli par un vendeur qui le salue d'un : « Bienvenue dans notre magasin, que puis-je pour votre service ? ».

Entrée

Page de gauche :
Intérieur

VIEW FROM THE SOUTH

BUILDING FOR THE H. C. PRICE CO.

BARTLESVILLE, OKLAHOMA

FRANK LLOYD WRIGHT . ARCHITECT

1952–1956 · Tour de la Société H.C. Price
Bartlesville, Oklahoma

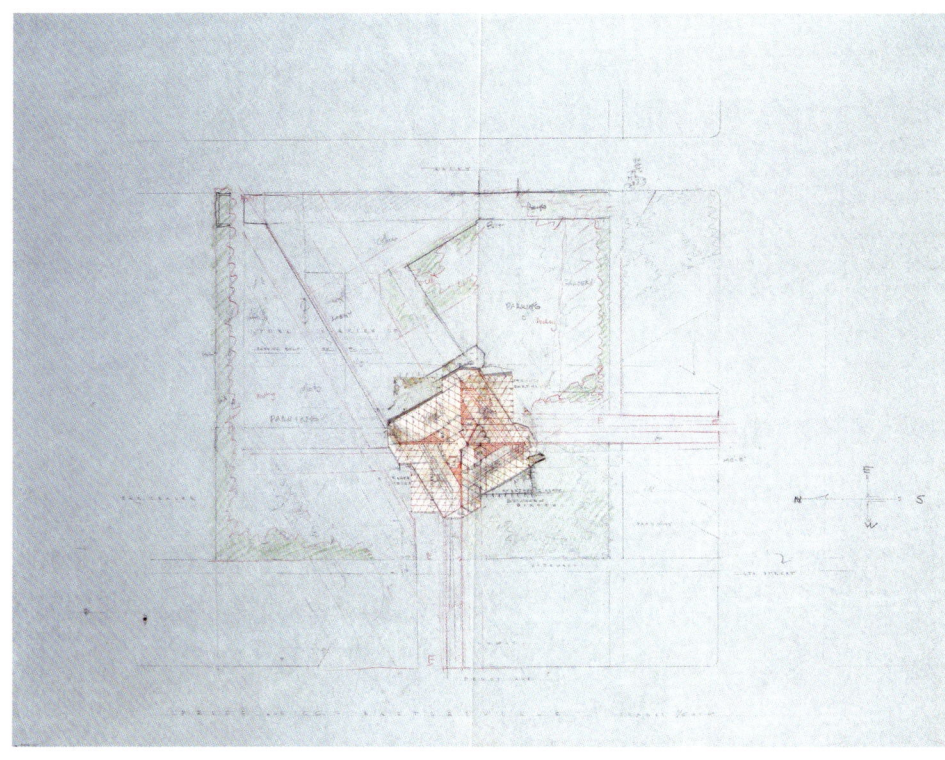

Ci-dessus, à gauche :
Vue extérieure

Ci-dessus, à droite :
Plan esquissé

Page de gauche :
Dessin en perspective

Le quadruple plan de la tour H. C. Price correspond étroitement au plan du projet pour St. Marc de 1929, mais avec une différence importante : St. Marc hébergeait des duplex dans chacun des quadrants, alors que dans la tour Price, il n'y a des appartements que dans l'un d'entre-eux. Ici, les autres quadrants du bâtiment servent d'espaces de bureau à un seul étage. La société H. C. Price occupait les étages supérieurs. Le seizième étage comportait un buffet, une cuisine et une terrasse en plein air pour prendre les repas, et le dix-neuvième étage un bureau privé pour Harold Price.

Il y a huit duplex qui suivent le même plan que celui de St. Marc : salle de séjour, cuisine et toilettes sur un niveau, escalier conduisant à deux chambres à coucher et à une salle de bains en mezzanine. La grande chambre à coucher donne sur un petit balcon extérieur. Des cloisons amovibles permettent de changer la configuration des bureaux selon les besoins de chaque occupant. Au rez-de-chaussée, la tour communique avec une structure à deux étages hébergeant une boutique et la Public Service Company d'Oklahoma. Cette dernière est reliée au côté nord-est de l'immeuble.

La structure est entièrement en béton armé, ses louvres et ses panneaux sur les balcons sont en cuivre. Les fenêtres des trois quadrants consacrés à des bureaux comportent des ailettes horizontales en cuivre, qui protègent la vitre contre la lumière directe du soleil. Sur les appartements, les deux côtés qui partent du plan carré ont des ailettes verticales en cuivre. La tour est positionnée de telle sorte que ces ailettes verticales, réagissent à la rotation de la Terre, et ombragent la vitre pendant les mois d'été.

1954–1959 ▸ Synagogue
Congrégation Beth Sholom ▸ Elkins Park, Pennsylvanie

Intérieur

Pour la synagogue Beth Sholom, Wright conçut un bâtiment qui était l'essence même de la lumière : une grande forme translucide jaillissant de ses contreforts en béton. Lorsque le rabbin reçut les esquisses, il télégraphia immédiatement une dépêche à Wright : « Croquis bien arrivés. Tous profondément impressionnés par (leur) beauté et majesté. Lettre suit. » Dans sa longue lettre, qu'il rédigea le lendemain, Cohen écrivait : « Vous avez saisi le moment suprême dans l'histoire des Juifs – la révélation de Dieu à Moïse sur le mont Sinaï – et vous avez traduit ce moment, avec tout ce qu'il signifie, en un modèle de beauté et de vénération. Les différents niveaux inclinés de l'auditorium représentent des mains librement jointes en forme de coupe.

Page de gauche :
Entrée

1956 ‣ Gratte-ciel « Mile High »
Projet non exécuté ‣ Chicago, Illinois

Lorsque l'on proposa à Wright de concevoir une tour de relais de TV d'une hauteur d'un mile, ce qui correspond à 1 609 mètres, il pensa qu'il serait insensé de construire une tour de cette sorte sans bâtiment inférieur. Le 10 août 1956, il dessina donc un croquis conceptuel d'un bâtiment tout en hauteur, qui représentait une lance rigide de plus en plus élancée vers son sommet, avec un plan construit en forme de losange. Wright expliqua le contour du bâtiment et la forme de sa section ainsi : « Un clocher d'église oscille-t-il sous le vent ? Non, parce que le vent ne peut pas exercer de pression sur le sommet du clocher. C'est pourquoi j'ai donné à cette tour la forme qu'elle a. Il est une vraie aiguille, aucune pression se fait sur le sommet. Plus bas, le bâtiment résiste à la pression du vent, car comme vous l'aurez remarqué, il est en forme de tétraèdre. Le bâtiment est un vrai trépied. Or le trépied est la forme la plus solide pour résister à la pression extérieure latérale, parce que toute pression exercée sur un côté se répartit sur les autres côtés, et que tous les côtés y résistent ensemble... Quelle que soit la direction d'où vient le vent, les deux autres côtés s'arc-boutent contre lui. »

Sur le même dessin conceptuel, Wright écrivit : « D'abord 20 étages hauts de 18 pieds, puis les autres hauts de 10 pieds. Superficie totale rentable de 6.000.000 pieds carrés ; déduire 2.000.000 pieds carrés pour des salles élevées, des studios, des salles de tribunal, des salles d'audience, etc. Coût prévu : 60.000.000$. En résultent 4.000.000 pieds carrés de superficie à 10$ le pied carré. En comptant 100 pieds carrés par personne : une occupation de 45.000 personnes ; capacité de passage dans les salles d'audience, etc. = (environ) 67.000 personnes ; total : environ 100.000 personnes. Parking, 15.000 voitures ; 100 hélicoptères. » Les détails structurels furent soigneusement pris en compte lorsqu'il élabora le plan : la fondation en pivot de la base plonge dans la roche dure comme la poignée d'une épée, et les étages en porte à faux sortent d'un noyau central, comme dans d'autres tours de Wright. Mais ici, pour plus de stabilité, des câbles sont tendus jusqu'aux bords extérieurs des sols, comme dans les ponts suspendus. Les surfaces des murs extérieurs sont profondément en retrait en dessous de parasols protégeant contre le soleil et la pluie. Les ascenseurs, avec cinq cabines, sont des « trains » verticaux qui fonctionnent à l'énergie atomique, et passent sur des cliquets comme le ferait un chemin de fer à crémaillère. Le bâtiment monte à partir de sa base en cinq grandes terrasses, les ascenseurs correspondant aux niveaux des terrasses. Quoique le bâtiment de base s'amenuise au fur et à mesure qu'il gagne en hauteur, les fûts des ascenseurs ne sont pas pareils, et on peut voir ceux-ci monter à l'extérieur du bâtiment. Des corridors relient les ascenseurs aux différents niveaux. « Mile High » ne fut jamais conçu comme un endroit pour vivre, mais plutôt comme un lieu de travail et de réunion. En dégageant la ville remplie de monde à sa base, et en aménageant un vaste espace vert, même le problème du trafic était simplifié.

Dessin en perspective

1959–1968 ▸ Maison Norman Lykes
Phoenix, Arizona

La maison pour Norman Lykes a été le dernier ouvrage d'habitation réalisé par Wright. L'emplacement est un flanc de côteau à pic dominant la ville de Phoenix. La maison a été placée de manière à ne pas défigurer le paysage. Elle semble en effet se poser avec légèreté sur les rochers. Un vaste espace circulaire, qui comporte la salle de séjour, la salle à manger et un cabinet de travail, s'ouvre au sud sur une vue spectaculaire de la ville et est contenu dans un large cercle où s'étend la terrasse. Cette spacieuse terrasse ouverte est entourée de murs qui préservent l'intimité de ses occupants. Des ouvertures ont été aménagées dans la partie sud afin de profiter de la vue. Les ailes des chambres forment une arcade à partir de la salle de séjour et sont juchées sur une crête de rocs.

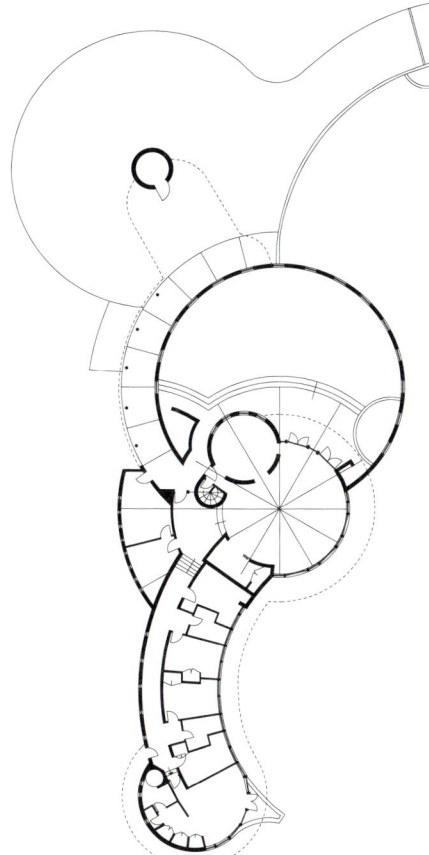

Plan horizontal

Vue extérieure

1957–1966 · Centre municipal
San Rafael, Marin County, Californie

Dessin en perspective

Le centre civique du Marin Country est situé dans un vaste parc, avec des lagunes et trois petites collines. Le bâtiment forme un pont sur les collines et offre une perspective sur le parc et les lagunes. Le centre civique du Marin County ne présente aucune des caractéristiques de la plupart des bâtiments officiels des États-Unis qui sont imposants, construits à vaste échelle et qui ressemblent à des monuments. Il place l'homme dans un cadre plaisant, conçu à son échelle et s'ouvrant sur le paysage environnant. Une cour intérieure de jardins, éclairée par une percée zénithale, traverse le centre des deux bâtiments. Les bureaux sont disposés de telle façon que l'on a d'un côté une vue sur les collines et, de l'autre, une vue sur la cour intérieure. Les parois des différents bureaux sont amovibles de sorte que l'on peut modifier chaque année l'espace nécessaire à chaque service.

D'une manière générale, le Centre a un plan étiré, qui change de direction à l'emplacement de la colline centrale, avant de se poursuivre jusqu'aux collines suivantes. Les grandes arches au rez-de-chaussée soutiennent la structure, tandis que les arches suspendues au-dessus, à partir des bords des balcons externes, forment des abat-jour pour les fenêtres. Un accès facile entre les départements est ménagé par ces balcons extérieurs et par l'allée centrale. Le centre de justice est raccordé au bâtiment de l'administration pour former une jonction circulaire, dont le troisième niveau constitue une bibliothèque. À un deuxième niveau, une cafétéria donne sur une proue triangulaire avec une terrasse pavée pour les repas en plein air, un jardin et une piscine. Une caractéristique importante de la construction est la grille du balcon en aluminium oxydé doré, qui projette une ombre sans cesse changeante sur les murs.

Page de gauche :
Vue latérale d'arches suspendues

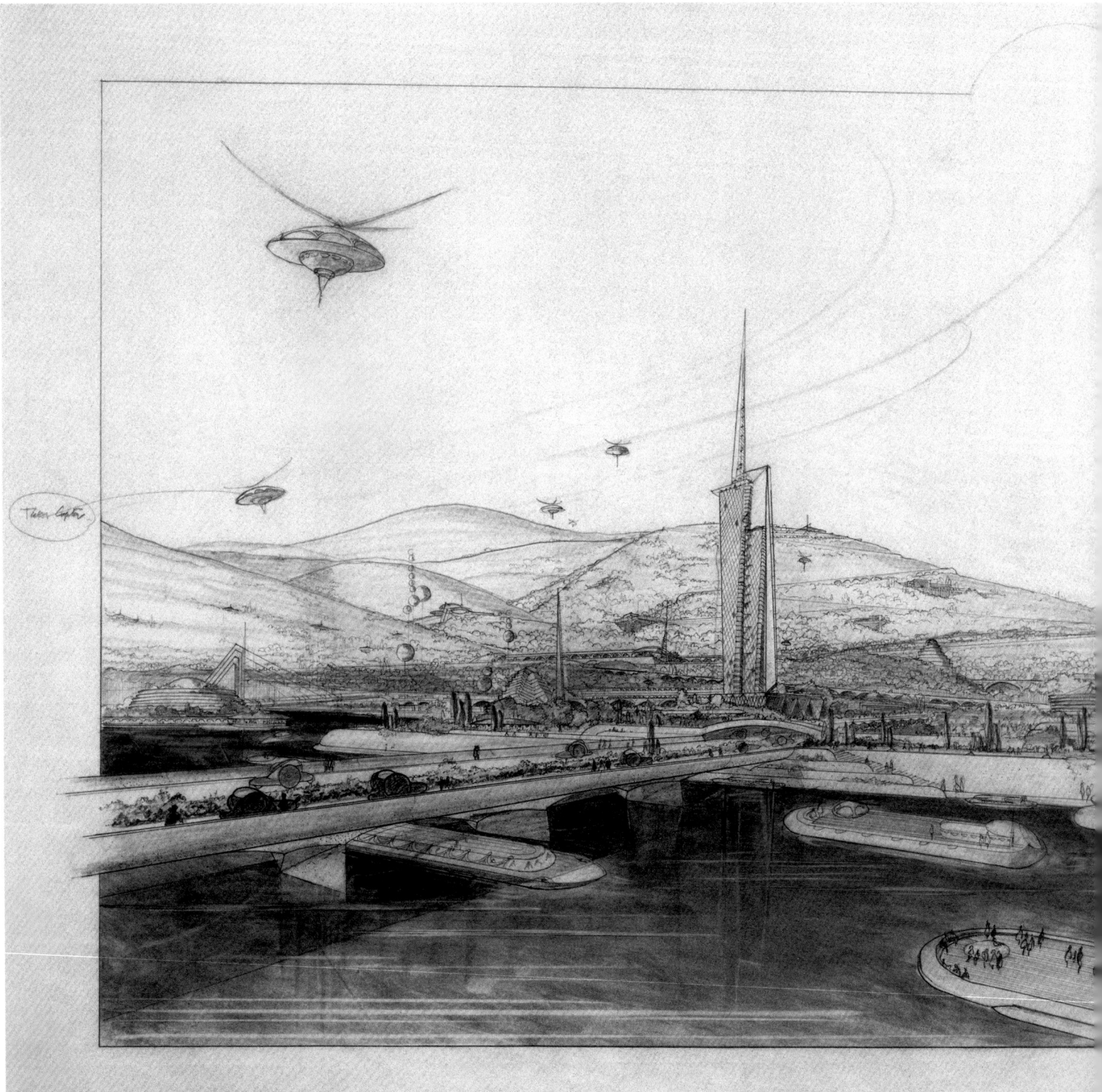

1958 ‣ « The Living City »
Projet non exécuté

En 1932, Wright publia *The Disappearing City*, un livre dans lequel il expliqua le besoin de décentralisation, cette soif de sortir des villes polluées et bondées pour retrouver le paysage naturel. Sachant combien l'Amérique est riche en espaces vides, il proposa une solution utopique qu'il appela « Broadacre City ». Deux ans plus tard, il prépara une maquette carrée de douze pieds de la « Broadacre City », qui fut exposée dans tous les États-Unis. En 1945, il révisa le livre *The Disappearing City* et le rebaptisa *When Democracy Builds*, illustré de photographies de la maquette ainsi que d'autres maquettes afférentes. Wright fut toujours intimement persuadé que l'environnement des villes était malsain. Dès 1931, il écrivit : « La ville est-elle un triomphe naturel de l'instinct de troupeau sur l'humanité ? Est-elle donc un mal nécessaire et passager, un dernier vestige des commencements de l'humanité, qui va disparaître à mesure que l'humanité grandit ? ... Je pense que la ville telle que nous la connaissons aujourd'hui est vouée à disparaître. Nous assistons actuellement à son accélération avant sa dissolution.

En 1958, Wright reprit l'idée de la « Broadacre City », et révisa à nouveau sa théorie dans le livre *The Living City*. Pour cette publication, Wright fit tracer par ses apprentis plusieurs dessins en perspective d'une « ville » hypothétique installée dans un paysage de collines douces, de vastes prairies, de lacs et de rivières. Dans *The Living City*, des « péniches atomiques » et des « taxis-hélicoptères » sont les moyens de transport futuristes, tandis que les bâtiments qu'il avait imaginés, qu'ils aient été réalisés ou non, sont éparpillés dans tout le paysage : le Centre municipal de Marin County, la synagogue Beth Sholom, la tour Price, l'hôtel Rogers Lacy, le Gordon Strong Automobile Objective et Planétarium, le garage self-service Kaufmann à Pittsburgh et le Centre municipal Point Park à Pittsburgh, ainsi que le club de sports et l'aire de jeux Huntington Hartford. C'est ainsi que Wright illustra sa solution pour une ville qui soit saine, à l'échelle humaine et belle.

Esquisse

Vie et œuvre

1867 ► Le 8 juin, Frank Lloyd Wright naît à Richland Center, Wisconsin. Il est le premier enfant de William Carey Wright et Anna Lloyd Jones Wright.

1886 ► Wright entre à l'Université du Wisconsin à Madison et travaille pour Allan D. Conover, professeur de l'école d'ingénieurs.

1887 ► Wright quitte Madison pour aller à Chicago. Il est employé en premier lieu à l'agence de Joseph Lyman Silsbee et travaille plus tard pour le cabinet d'architectes Adler et Sullivan.

1889 ► Wright épouse Catherine Lee Tobin.
Residence de Frank Lloyd Wright, Oak Park, IL

1890 ► Naissance de Frank Lloyd Wright fils. Wright se charge des plans des maisons d'habitation réalisées par Adler et Sullivan.
Cottage et écuries pour Louis H. Sullivan, Ocean Springs, MS

1891
Cottage pour James Charnley, Ocean Springs, MS
Maison pour W. S. MacHarg, Chicago, IL
Maison pour James Charnley, Chicago, IL

1892 ► Wright quitte le cabinet de Adler et Sullivan. Naissance de son fils John Lloyd Wright.
Maison pour George Blossom, Chicago, IL
Maison pour W. Irving Clark, La Grange, IL
Maison pour Robert Emmond, La Grange, IL
Maison pour Thomas Gale, Oak Park, IL
Maison pour Dr Allison Harlan, Chicago, IL
Maison pour Warren McArthur, Chicago, IL
Maison pour Robert Parker, Oak Park, IL
Maison pour Albert Sullivan, Chicago, IL

1893 ► Wright ouvre son propre cabinet à Chicago, Illinois.
Maison pour Walter Gale, Oak Park, IL
Cottage pour Robert Lamp, Madison, WI
Hangar à bateau du Lac Mendota, Madison, WI
Maison pour William H. Winslow, River Forest, IL
Maison pour Francis Wooley, Oak Park, IL

1894 ► Première exposition des travaux de Wright au Chicago Architectural Club. Naissance de sa fille Catherine Lloyd Wright.
Maison pour Frederick Bagley, Hinsdale, IL
Baptistère pour la Bagley Company, Chicago, IL
Remodelage de maison pour Dr Bassett, Oak Park, IL
Maison pour Peter Goan, La Grange, IL
Quatre maisons pour Robert Roloson, Chicago, IL

1895 ► Naissance de son fils David Samuel Wright.
Appartements Francis pour la Terre Haute Trust Company, Chicago, IL
Appartements en terrasse Edward C. Waller, Chicago, IL
Maison pour Nathan G. Moore, Oak Park, IL
Appartements pour Edward C. Waller, Chicago, IL
Maison pour Chauncey Williams, River Forest, IL
Remodelage de maison H. P. Young, Oak Park, IL
Salle des fêtes Frank Lloyd Wright, Oak Park, IL

1896 ► Wright rédige un credo intitulé *Work Song.*
Maison pour H. C. Goodrich, Oak Park, IL
Maison pour Isidore Heller, Chicago, IL
Remodelage de maison et écuries pour Charles E. Roberts, Oak Park, IL

1897
Maison pour George Furbeck, Oak Park, IL
Hangar à bateau pour Henry Wallis, Lake Delavan, WI
Atelier pour Frank Lloyd Wright, Oak Park, IL
Tour d'éolienne « Roméo et Juliette » pour l'école Hillside, Spring Green, WI
Résidende d'été pour Mrs. Thomas Gale, Whitehall, MI

1898 ► Naissance de sa fille Frances Lloyd Wright.
Maison pour Rollin Furbeck, Oak Park, IL
Club de golf de River Forest, River Forest, IL
Maison pour George Smith, Oak Park, IL

1899
Maison pour Joseph Husser, Chicago, IL
Remodelage de maison pour Edward C. Waller, River Forest, IL

Frank Lloyd Wright dans son cabinet à Taliesin ouest, 1947

1900

Maison pour Mrs. Jessie W. Adams, Chicago, IL
Garage pour George Blossom, Chicago, IL
Maison pour B. Harley Bradley, Kankakee, IL
Cottage pour Stephen A. Foster, Chicago, IL
Maison pour Warren Hickox, Kankakee, IL
Remodelage de maison pour E. R. Hills, Oak Park, IL
Remodelage de maison pour Warren McArthur, Chicago, IL
Résidence d'été pour E. H. Pitkin, Sapper Island, Desbarats, Ontario, Canada
Cottage pour Henry Wallis, Lake Delavan, WI

1901 ▶ Wright prononce son texte de conférence *The Art and Craft of the Machine* à la Hull House de Chicago.

Maison pour E. Arthur Davenport, River Forest, IL
Maison pour William G. Fricke, Oak Park, IL
Remodelage de maison pour Dr. A. W. Hebert, Evanston, IL
Maison pour F. B. Henderson, Elmhurst, IL
Hangar à bateau Fred B. Jones, Lake Delavan, WI
Maison pour Fred B. Jones, Lake Delavan, WI
Annexes au Club de golf, River Forest, IL
Maison pour Frank Thomas, Oak Park, IL
Pavillon d'exposition pour la Universal Portland Cement Company, Buffalo, NY
Poulailler, étable et clôtures pour Edward C. Waller, River Forest, IL
Conciergerie pour Henry Wallis, Lake Delavan, WI
Étables pour T. E. Wilder, Elmhurst, IL
Grange, étables et conciergerie pour Fred B. Jones, Lake Delavan, WI

1902

Delavan Yacht Club, Lake Delavan, WI
Double Cottage pour George Gerts, Whitehall, MI
Cottage pour Walter Gerts, Whitehall, Michigan
Maison pour Arthur Heurtley, Oak Park, IL
Remodelage de maison pour Arthur Heurtley, Les Cheneaux Club, Marquette Island, MI
Reconstruction de l'école Hillside, Spring Green, WI
Maison pour Francis W. Little, Peoria, IL
Maison pour Charles R. Ross, Lake Delavan, WI
Maison pour George W. Spencer, Lake Delavan, WI
Maison pour Ward W. Willits, Highland Park, IL
Maison pour Susan Lawrence Dana, Springfield, IL

1903 ▶ Naissance de son fils Robert Llewellyn Wright.

Centre Abraham Lincoln pour Jenkin Lloyd Jones, Chicago, IL
Maison pour George Barton, Buffalo, NY
Maison pour Edwin H. Cheney, Oak Park, IL
Maison pour W. H. Freeman, Hinsdale, IL
Édifice administratif de la société Larkin, Buffalo, NY
Fontaine du parc Scoville, Oak Park, IL

Maison pour J. J. Walser, Chicago, IL
Maison pour William E. Martin, Oak Park, IL
Maison pour Robert M. Lamp, Madison, WI
Maison pour Darwin D. Martin, Buffalo, NY
Maison pour William R. Heath, Buffalo, NY

1904 ▶ Wright assiste à l'exposition-vente Louisiana à Saint Louis.

1905 ▶ Wright et sa femme Catherine font leur premier voyage au Japon, accompagnés de M. et Mme Ward Willits, clients de Wright. Wright commence à collectionner et faire le commerce d'estampes japonaises.

Maison pour Mary M. W. Adams, Highland Park, IL
Maison pour Charles E. Brown, Evanston, IL
Agence immobilière pour E. A. Cummings, River Forest, IL
Usines E-Z Polish pour William E. and Darwin D. Martin, Chicago, IL
Trois résidences d'été pour Mrs. Thomas Gale, Whitehall, MI
Maison pour W. A. Glasner, Glencoe, IL
Maison pour Thomas P. Hardy, Racine, WI
Maison pour A. P. Johnson, Lake Delavan, WI
Bibliothèque Lawrence Memorial, Springfield, IL
Résidence du jardinier pour D. D. Martin, Buffalo, NY
Club de tennis, River Forest, IL
Bâtiment Rookery, remodelage de l'intérieur, Chicago, IL
Banque pour Frank L. Smith, Dwight, IL
Unity Temple, Oak Park, IL
Maison pour Harvey Sutton, McCook, NE

1906 ▶ Wright expose sa collection d'estampes Hiroshige au Art Institute of Chicago.

Remodelage de maison pour P. A. Beachy, Oak Park, IL
Maison pour K. C. DeRhodes, South Bend, IN
Maison pour A. W. Gridley, Batavia, IL
Maison pour P. D. Hoyt, Geneva, IL
Maison pour George M. Millard, Highland Park, IL
Maison pour Frederick Nicholas, Flossmoor, IL
Chapelle mortuaire Pettit, Belvidere, IL
Reconstruction du Club de tennis, River Forest, IL

1907

Maison pour Avery Coonley, Riverside, IL
Remodelage de maison pour Col. George Fabyan, Geneva, IL
Remodelage du Fox River Country Club, Geneva, IL
Maison pour Stephen M. M. Hunt, La Grange, IL
Pavillon d'exposition de la société Larkin, Jamestown, VA
Maison pour Emma Martin, Oak Park, IL

Pebbles and Balch, magasin remodelé, Oak Park, IL
« Tanyderi », maison pour Andrew Porter, Hillside, Spring Green, WI
Maison pour F. F. Tomek, Riverside, IL
Maison pour Barton J. Westcott, Springfield, OH
Annexes de garage pour George Blossom, Chicago, IL
Maison pour E. E. Boynton, Rochester, NY
Résidence du jardinier et écuries pour Avery Coonley, Riverside, IL

1908 ▶ Le philosophe allemand Kuno Francke rencontre Wright à Oak Park ; le carton à dessins Wasmuth serait le résultat de cette rencontre.

Librairie Browne, Chicago, IL
Maison pour Walter V. Davidson, Buffalo, NY
Maison pour Robert W. Evans, Chicago, IL
Maison pour Eugene A. Gilmore, Madison, WI
Maison pour L. K. Horner, Chicago, IL
Maison pour Meyer May, Grand Rapids, MI
Maison pour Isabel Roberts, River Forest, IL
Maison pour Dr. G. C. Stockman, Mason City, IA
Maison pour Frederick C. Robie, Chicago, IL

1909 ▶ Wright abandonne sa clientèle et sa famille pour aller en Europe avec Mamah Borthwick Cheney.

Maison pour Frank J. Baker, Wilmette, IL
Auberge Bitter Root Inn, près de Darby, MT
National City Bank et Hôtel, Mason City, IA
Maison pour Robert Clark, Peoria, IL
Remodelage de la maison pour Dr. W. H. Copeland, plan 2, Oak Park, IL
Maison pour Mrs. Thomas Gale, Oak Park, IL
Maison pour J. Kibben Ingalls, River Forest, IL
Maison pour Oscar M. Steffens, Chicago, IL
Maison pour George Stewart, Montecito, CA
Arcade et magasins Stohr, Chicago, IL
Galerie d'art Thurber, Fine Arts Building, Chicago, IL
Pavillon de bains pour Edward C. Waller, Charlevoix, Michigan
Maison pour Hiram Baldwin, Kenilworth, IL
Colonie de vacances Como Orchards, Darby, MT
Maison pour Ingwald Moe, Evanston, IL

1910 ▶ Wright se rend à Berlin, puis à Fiesole. C'est là que son fils Lloyd ainsi que d'autres préparent les illustrations du livre *Ausgeführte Bauten und Entwürfe* publié la même année à Berlin par Ernst Wasmuth.

Cabinet d'avocats Blythe-Markeley, bâtiment de la City National Bank, Mason City, IA
Maison pour E. P. Irving, Decatur, IL
Pavillon d'exposition de la société Universal Portland Cement Company, Madison Square Garden, New York, NY
Maison pour le Révérend J. R. Ziegler, Frankfort, KY

1911 ▸ Wright commence la construction d'une nouvelle maison et d'un atelier près de Spring Green, Wisconsin. Le complexe reçoit le nom de Taliesin.
Maison pour Herbert Angster, Lake Bluff, IL
Pavillon au parc national Banff, Alberta, Canada
Auberge Lake Geneva Inn, Lake Geneva, WI
Taliesin I, Spring Green, WI
Centrale hydroélectrique de Taliesin, Spring Green, WI
Remodelage de la maison et des ateliers de Frank Lloyd Wright, Oak Park, IL
Remodelage des écuries pour Avery Coonley, Riverside, IL
Maison pour O. B. Balch, Oak Park, IL
Barrage de Taliesin, Spring Green, Wisconsin

1912 ▸ Wright publie *The Japanese Print : An Interpretation*.
Maison pour William B. Greene, Aurora, IL
« Northome », maison pour Francis W. Little, Wayzata, Minnesota
Remodelage du Park Ridge Country Club, Park Ridge, IL
Écuries et garage pour Sherman Booth, Glenoe, IL
Maison de jeux pour Avery Coonley, Riverside, IL

1913 ▸ Wright retourne au Japon pour assurer la commande de l'Hôtel Impérial et acquérir des estampes japonaises pour des clients américains.
Maison pour Harry S. Adams, Oak Park, IL
Midway Gardens, Chicago, IL

1914 ▸ Julian Carlston tue Mamah Cheney et six autres personnes, puis incendie les bâtiments de Taliesin. Wright rencontre Miriam Noel.

1915
Maison pour Emil Bach, Chicago, IL
Maison pour Sherman Booth, Glencoe, IL
Maison pour E. D. Brigham, Glencoe, IL
Entrepôt pour A. D. German, Richland Center, WI
Pont de Ravine Bluffs, Glencoe, IL
Logements de Ravine Bluffs, Glencoe, IL
Maisons américaines pour la société Richards (ARCS), Milwaukee, WI
Appartements en duplex pour Arthur Munkwitz (ARCS), Milwaukee, WI
Appartements en duplex pour Arthur L. Richards (ARCS), Milwaukee, WI
Petite maison pour the Richards Company (ARCS), Milwaukee, WI

1916 ▸ Wright signe le contrat pour la conception du nouvel Hôtel Imperial ; il ouvre un bureau à Tokyo.

Maison pour Joseph Bagley, Grand Beach, MI
Maison pour Frederick C. Bogk, Milwaukee, WI
Maison pour W. S. Carr, Grand Beach, MI
Maison pour Ernest Vosburgh, Grand Beach, MI
Hôtel Imperial, Tokyo, Japan

1917
« Hollyhock House » pour Aline Barnsdall, Olive Hill, Los Angeles, CA
Maison pour Aisaku Hayashi, Tokyo, Japan
Maison pour Stephen M. B. Hunt, Oshkosh, WI
Maison pour Henry J. Allen, Wichita, KS
Maison pour Arinobu Fukuhara, Hakone, Japan

1918 ▸ Wright va à Peiping en Chine pour commander des tapis pour l'Hôtel Impérial. Pendant le même voyage, il visite Séoul et la Corée. Il voit les monuments et trésors artistiques en tant qu'invité de l'écrivain Ku Hung Ming.

1920
« Résidence A » et « Résidence B » pour Aline Barnsdall, Olive Hill, Los Angeles, CA
Annexe de l'Hôtel Imperial, Tokyo, Japan

1921
École Jiyu Gakuen, Tokyo, Japan

1922 ▸ Wright ouvre un bureau à Los Angeles. Wright et Catherine divorcent.
Maison pour Tazaemon Yamamura, Ashiya, Japan

1923 ▸ Le séisme Kanto démolit la majeure partie de Tokyo. L'Hôtel Impérial résiste aux secousses. Wright publie *Experimenting with Human Lives* qui concerne le tremblement de terre et l'Hôtel Impérial. Il épouse Miriam Noel.
Maison pour Charles Ennis, Los Angeles, CA
Maison pour Samuel Freeman, Los Angeles, CA
« La Miniatura », maison pour Alice Millard, Pasadena, CA
Reconstruction pour Nathan G. Moore, Oak Park, IL
Maison pour John Storer, Los Angeles, CA
« Little Dipper », jardin d'enfants pour Aline Barnsdall, Olive Hill, Los Angeles, CA

1924 ▸ Wright rencontre Olgivanna Lazovich Hinzenburg.

1925 ▸ Deuxième incendie important à Taliesin. Naissance de Iovanna, fille de Wright et de Olgivanna Hinzenburg.
Taliesin III, Spring Green, WI

1926 ▸ En raison des dettes de Wright, la banque acquiert un titre de propriété sur Taliesin.

Wright et Hinzenburg sont arrêtés près de Minneapolis pour un prétendu outrage aux mœurs.
« Greycliff », maison pour Isabelle Martin (Mrs. D. D. Martin), Derby, NY

1927 ▸ Wright commence une série d'articles intitulée *In the Cause of Architecture*, publiée tous les mois dans la revue *The Architectural Record*. Wright et Miriam Noel divorcent.

1928 ▸ Wright épouse Olgivanna Hinzenburg.

1929 ▸ Les travaux se poursuivent pour les projets de Chandler, puis sont interrompus lors du krach de la Bourse en octobre.
Cabines de camp pour la Chandler Land Improvement Co., Chandler, AZ
Maison pour Richard Lloyd Jones, Tulsa, OK
« Ocatillo », camp de désert et atelier de Frank Lloyd Wright, near Chandler, AZ

1930 ▸ Wright donne une conférence sur les textes de Kahn à l'Université de Princeton et publie ces textes sous le titre de *Modern Architecture*. Une grande exposition de son œuvre part en tournée pour Princeton, New York, Chicago, Madison et Milwaukee.

1931 ▸ L'exposition se rend à Eugene dans l'Oregon, puis traverse l'océan pour voyager à Amsterdam, Berlin, Stuttgart, Anvers et Bruxelles.

1932 ▸ Les Wright fondent la Communauté Taliesin et transforment l'école privée de Hillside en complexe de la Communauté. Wright publie *An Autobiography* et *The Disappearing City*. L'exposition des travaux de Wright est comprise dans *The International Style* au Museum of Modern Art, New York.
Complexe de la Communauté Taliesin, Spring Green, WI

1933
Maison de jeux Hillside, Taliesin, Spring Green, WI

1934 ▸ Wright et ses élèves entreprennent la construction d'un modèle réduit de la *Cité Broadacre*. Le premier numéro de *Taliesin*, revue créée par Wright, est publié par les éditions Taliesin.
Maison pour Malcolm Willey, Minneapolis, MN

1935 ▸ La maquette de la *Cité Broadacre* tout entière est présentée à l'exposition des arts industriels au Rockefeller Center à New York.
« Fallingwater », maison pour Edgar J. Kaufmann, Mill Run, PA
« Honeycomb House » pour Paul R. and Jean

Hanna, Stanford, CA
Bureau pour Edgar J. Kaufmann, Grand magasins Kaufmann, Pittsburgh, PA

1936
Maison pour Herbert Jacobs, Madison, WI
Bâtiment administratif de S.C. Johnson & Son, Racine, WI
« Deertrack », maison pour Mrs. Abby Beecher Roberts, Marquette, MI

1937 ▶ Wright et l'auteur Baker Brownell écrivent et publient *Architecture and Modern Life.*
« Wingspread », maison pour Herbert F. Johnson, Wind Point, WI
Maison de Ben Rebhuhn, Great Neck Estates, NY
Taliesin Ouest, Scottsdale, AZ

1938 ▶ Wright entreprend la réalisation graphique du numéro de janvier de *Architectural Forum* qui est consacré à son travail. Wright apparaît sur la couverture du *Time.*
Plan directeur du Florida Southern College pour Dr Ludd M. Spivey, Lakeland, FL
Chapelle Anne Pfeiffer, Florida Southern College, Lakeland, FL
Maison d'hôtes pour Edgar J. Kaufmann, Mill Run, PA
Maison pour Charles L. Manson, Wausau, WI
Bâtiments de ferme et granges Midway, Taliesin, Spring Green, WI
Maison pour John C. Pew, Shorewood Hills, WI
Maisons Sun Top pour Otto Mallery et la Todd Company, Ardmore, PA

1939 ▶ Wright est invité à Londres pour une série de conférences au Sulgrave Manor Board. Ces textes sont publiés sous le titre *An Organic Architecture.*
Maison pour Andrew F. H. Armstrong, Ogden Dunes, IN
Maison pour Sidney Bazett, Hillsborough, CA
Maison pour Joseph Euchtman, Baltimore, MD
Maison pour Lloyd Lewis, Libertyville, IL
Maison pour Rose Pauson, Phoenix, AZ
Maison pour Loren Pope, Falls Church, VA
Maison pour Stanley Rosenbaum, Florence, AL
Maison pour Bernard Schwartz, Two Rivers, WI
Maison pour Clarence Sondern, Kansas City, MO
« Auldbrass », maison et compléments pour Leigh Stevens, Yemassee, SC
Maison de George Sturges, Brentwood Heights, CA
Maison pour Kathrine Winckler and Alma Goetsch, Okemos, MI

1940 ▶ Une importante exposition rétrospective *The Work of Frank Lloyd Wright* a lieu au Museum of Modern Art de New York.
Maison pour Gregor Affleck, Bloomfield Hills, MI
Maison pour Theodore Baird, Amherst, MA
Maison pour James Christie, Bernardsville, NJ
Église de la Communauté, Kansas City, MO
Bâtiments de séminaire, Florida Southern College, Lakeland, FL
Conciergerie pour Arch Oboler, Malibu, CA
« Eleanor's Retreat » pour Arch Obeler, Malibu, CA

1941 ▶ Wright et Frederick Gutheim publient *On Architecture.*
Bibliothèque Roux, Florida Southern College, Lakeland, FL
Maison pour Stuart Richardson, Glen Ridge, NJ
« Snowflake », maison pour C. D. Wall, Plymouth, MI

1942
Bâtiment des Arts industriels, Florida Southern College, Lakeland, FL

1943
Musée Solomon R. Guggenheim, New York, NY
Poulailler pour Lloyd Lewis, Libertyville, IL
Tour de recherche de S.C. Johnson & Son, Racine, WI
Maison pour Albert Adelman, Fox Point, WI

1944
Foyer du Théâtre Hillside, Spring Green, WI
« Solar Hemicycle », maison pour Herbert Jacobs, Middleton, WI
Annexe pour les bâtiments de ferme et granges Midway à Taliesin, Spring Green, WI

1945 ▶ Wright publie *When Democracy Builds.*
Bâtiment administratif, Florida Southern College, Lakeland, FL
Pavillon pour Arnold Friedman, Pecos, NM
Musée Solomon R. Guggenheim, plan revisé, New York, NY

1946
Maison pour Amy Alpaugh, Northport, MI
Esplanades, Florida Southern College, Lakeland, FL
Maison pour Douglas Grant, Cedar Rapids, IA
Maison pour Chauncey Griggs, Tacoma, WA
Annexes pour Paul R. et Jean Hanna, Stanford, CA
Maison pour Dr Alvin Miller, Charles City, IA
Maison de Herman T. Mossberg, South Bend, IN
Maison Melvyn Maxwell Smith, Bloomfield Hills, MI
Annexes pour Stanley Rosenbaum, Florence, AL

1947
Maison pour Carroll Alsop, Oskaloosa, IA
Maison pour Dr A. H. Bulbulian, Rochester, MN
Laiterie et hangar, Midway Barns, Taliesin, Spring Green, WI
Maisons de campagne, plan directeur, Galesburg, MI
Annexes à une maison d'hôtes pour Edgar J. Kaufmann, Mill Run, PA
Logements Parkwyn Village, plan directeur, Kalamazoo, MI
Église unitarienne, Shorewood Hills, WI
Logements Usonia II, plan directeur, Pleasantville, NY
Maison pour Jack Lamberson, Oskaloosa, IA
Maison pour Charles T. Weltzheimer, Oberlin, OH
« Sun Trap » pour Iovanna Lloyd Wright, Taliesin West, Scottsdale, AZ

1948
Maison pour Erling Brauner, Okemos, MI
Maison pour Maynard Buehler, Orinda, CA
Maison pour Samuel Eppstein, Galesburg, MI
Maison pour Sol Friedman, Pleasantville, N.Y.
Maison pour Robert Levin, Kalamazoo, MI
Maison pour Curtis Meyer, Galesburg, MI
Magasin de cadeaux pour V. C. Morris, San Francisco, CA
Maison pour Eric Pratt, Galesburg, MI
Hangar à bateau et pavillon pour Lowell Walter, Quasqueton, IA
Maison pour David Weisblatt, Galesburg, MI
Maison pour Albert Adelman, Fox Point, WI
Maison pour Mrs. Clinton Walker, Carmel, CA

1949
Maison pour Howard Anthony, Benton Harbor, MI
Maison pour Eric Brown, Kalamazoo, MI
Théâtre-cabaret, Taliesin Ouest, Scottsdale, AZ
Maison pour James Edwards, Okemos, MI
Maison pour J. Willis Hughes, Jackson, MS
Maison pour Kenneth Laurent, Rockford, IL
Maison pour Ward McCartney, Kalamazoo, MI
Maison pour Henry J. Neils, Minneapolis, MN
Maison pour Edward Serlin, Pleasantville, NY
Annexes pour la maison Sondern pour Arnold Adler, Kansas City, MO

1950
Maison pour Robert Berger, San Anselmo, CA
Maison pour Raymond Carlson, Phoenix, AZ
Maison pour John O. Carr, Glenview, IL
Maison pour Dr Richard Davis, Marion, IN
Maison pour S. P. Elam, Austin, MN
Maison pour John A. Gillin, Dallas, TX
Maison pour Dr Ina Harper, St. Joseph, MI
Maison pour John Haynes, Fort Wayne, IN
Maison pour Thomas E. Keys, Rochester, MI
Maison pour Arthur Mathews, Atherton, CA
Maison pour Robert Muirhead, Plato Center, IL
Maison pour William Palmer, Ann Arbor, MI
Maison pour Wilbur Pearce, Bradbury, CA
Maison pour Don Schaberg, Okemos, MI
Maison pour Seymour Shavin, Chattanooga, TN

Maison pour Richard Smith, Jefferson, WI
Maison pour Karl A. Staley, North Madison, OH
Maison pour J. A. Sweeton, Cherry Hill, NJ
Maison pour Robert Winn, Kalamazoo, MI
Maison pour David Wright, « How to live in the Southwest », Phoenix, AZ
Maison de Isadore Zimmerman, Manchester, NH

1951 ▸ Wright et ses élèves conçoivent et réalisent une exposition des travaux de Wright intitulée *Sixty Years of Living Architecture*, qui est organisée à Philadelphie et puis voyage au Palazzo Strozzi à Florence. Wright ouvre avec son associé Aaron Green un cabinet sur la Côte ouest, à San Francisco.
Maison pour Benjamin Adelman, Phoenix, AZ
Maison pour Gabrielle Austin, Greenville, SC
Résidence d'été pour A. K. Chahroudi, Lake Mahopac, NY
Maison pour W. L. Fuller, Pass Christian, MS
Maison pour Charles F. Glore, Lake Forest, IL
S. C. Johnson & Son Co., annexes, Racine, WI
Maison pour Patrick Kinney, Lancaster, WI
Maison pour Russell Kraus, Kirkwood, MS
Maison pour Roland Reisley, Pleasantville, NY
Maison pour Dr Nathan Rubin, Canton, OH

1952 ▸ Un incendie détruit une partie des bâtiments de l'école privée de Hillside à Spring Green. L'exposition *Sixty Years of Living Architecture* voyage en Suisse, France, Allemagne et aux Pays-Bas.
Anderton Court Shops, Beverly Hills, CA
Maison pour Quintin Blair, Cody, WY
Maison pour Ray Brandes, Issaquah, WA
Théâtre Hillside, Spring Green, WI
Maison pour George Lewis, Tallahassee, FL
Maison pour R. W. Lindholm, Cloquet, MN
Maison pour Louis Penfield, Willoughby Hills, OH
Maison pour Arthur Pieper, Paradise Valley, AZ
Tour de la société H. C. Price, Bartlesville, OK
Maison pour Frank Sander, Stamford, CT
Résidence-atelier pour Archie Teater, Bliss, ID
Maison de gardien d'Arnold Friedman, Pecos, NM
Bureau pour Aaron G. Green, San Francicso, CA

1953 ▸ Wright publie *The Future of Architecture*. L'exposition *Sixty Years of Living Architecture* voyage à Mexico City et New York.
Cottage pour Jorgine Boomer, Phoenix, AZ
Maison pour Andrew B. Cooke, Virginia Beach, VA
Maison pour John Dobkins, Canton, OH
Bâtiment des sciences et de la cosmographie, Florida Southern College, Lakeland, FL
Maison pour Lewis Goddard, Plymouth, MI
Maison pour Harold Price fils, Bartlesville, OK

Restaurant-Terrasse Riverview, Spring Green, WI
Pavillon et « Usonian House » pour *Sixty Years of Living Architecture*, New York, NY
Maison pour William Thaxton, Houston, TX
Maison pour Luis Marden, McLean, VA

1954 ▸ Wright publie *The Natural House*.
Maison pour E. Clarke Arnold, Columbus, WI
Maison pour Bachman et Wilson, Millstone, NJ
Synagogue Beth Sholom, Elkins Park, PA
Maison pour Cedric Boulter, Cincinnati, OH
Maison pour John E. Christian, West Lafayette, IN
Maison pour Ellis Feiman, Canton, OH
Chapelle Danforth, Florida Southern College, Lakeland, FL
Maison pour Louis B. Frederick, Barrington Hill, IL
Maison pour Dr Maurice Greenberg, Dousman, WI
Maison pour I. N. Hagan, Chalkhill, PA
Salle d'exposition Jaguar pour Max Hoffman, New York, NY
Maison pour Willard Keland, Racine, WI
« Grandma House » pour Harold Price, Paradise Valley, AZ
Maison pour Gerald Tonkens, Cincinnati, OH
Maison pour W. B. Tracy, Normandy Park, WA
Maison d'hôtes pour David Wright, Phoenix, AZ
Remodelage d'un appartement de l'Hôtel Plaza pour Frank Lloyd Wright, New York, NY
Pavillon pour l'exposition *Sixty Years of Living Architecture*, Hollyhock House, Los Angeles, CA

1955 ▸ Wright publie *An American Architecture*, édité par Edgar Kaufmann Jr.
Théâtre Kalita Humphreys pour Paul Baker dans le Dallas Theatre Center, Dallas, TX
Maison pour Randall Fawcett, Los Banos, CA
Maison pour Max Hoffman, Rye, NY
Maison pour Dr Toufic Kalil, Manchester, NH
Clinique médicale Kundert, San Luis Obispo, CA
Maison pour Don Lovness, Stillwater, MN
Maison pour T. A. Pappas, St. Louis, MO
Maison pour John Rayward, New Canaan, CT
Remodelage de la maison Isabel Roberts pour Warren Scott, River Forest, IL
Maison pour Robert Sunday, Marshalltown, IA
Maison pour Dr Dorothy Turkel, Detroit, MI
« Four Square » meubles pour Henredon Fine Furniture, Morganton, NC
Tissus et papiers peints pour F. Schumacher & Son, « Taliesin Line », New York, NY
Palette de couleurs pour la Martin-Senour Paint Company, « Taliesin Palette », Chicago, IL

1956 ▸ Le maire de Chicago, Richard Daley, proclame le 17 octobre « Jour de Frank Lloyd Wright ».Wright publie *The Story of the Tower*.
Église orthodoxe grecque, Wauwatosa, WI

Maison pour William Boswell, Cincinnati, OH
Maison pour Frank Bott, Kansas City, MO
Maison pour Allen Friedman, Bannockburn, IL
Musée Solomon R. Guggenheim, plan final revisé, New York, NY
Annexes pour Paul R. and Jean Hanna, Stanford, CA
Lindholm Service Station, Cloquet, MN
Clinique pour Dr Kenneth Meyers, Dayton, OH
Pavillon de musique, Taliesin Ouest, Scottsdale, AZ
Remodelage de la maison et de l'atelier Frank Lloyd Wright pour Clyde Nooker, Oak Park, IL
Maison pour Dudley Spencer, Brandywine Head, DE
Maison pour Dr Paul Trier, Des Moines, IA
École de Wyoming Valley, près de Spring Green, WI
Maison pour Robert Llewellyn Wright, Bethesda, MD
Maison préfabriquée #1 pour Marshall Erdmann et Associés Inc., Madison, WI
Maison pour C. E. Gordon, Aurora, OR

1957 ▸ Wright est invité à Bagdad, en Irak, afin de concevoir un opéra, un centre culturel, un musée, une université et un bâtiment des postes. Wright publie *A Testament*.
Clinique pour Herman Fasbender, Hastings, MN
Maison pour Sterling Kinney, Amarillo, TX
Centre municipal de Marin County, San Rafael, CA
Maison de jeux pour Victoria et Jennifer Rayward, New Canaan, CT
Maison pour Carl Schultz, St. Joseph, MI
Maison pour Dr Robert Walton, Modesto, CA
Maison pour Duey Wright, Wausau, WI
Maison préfabriquée #2 pour Marshall Erdmann et Associés Inc., Madison, WI
Bureau de poste, centre municipal de Marin County, San Rafael, CA

1958 ▸ Wright publie *The Living City*.
Maison pour Dr George Ablin, Bakersfield, CA
Centre d'études culturelles pour la jeunesse, bâtiment A, Université de Wichita, Wichita, KS
Clinique médicale Lockridge, Whitefish, MT
Maison pour Paul Olfelt, St. Louis Park, MN
Cottage pour Seth C. Petersen, Lake Delton, WI
Église congrégationnelle de pèlerin, Redding, CA
Annexes de la maison pour John Rayward, New Canaan, CT
Maison pour Don Stromquist, Bountiful, UT

1959 ▸ Wright décède le 9 avril.
Auditorium mémorial Grady Gammage, Arizona State University, Tempe, AZ
Maison pour Norman Lykes, Phoenix, AZ

États-Unis

Minneapolis
Wayzata

Spring Green
Middleton
Shorewood Hills
Oak Park

Racine
Highland

Chicago
(River Forest,
Riverside)

San Rafael

San Francisco

Stanford

Salt Lake City

Denver

Kansas City

St. Louis

Las Vegas

Springfield

Pasadena
Los Angeles

Bartlesville

Nas

San Diego

Scottsdale
Phoenix
Chandler

Oklahoma City

Memphis

Dallas

Houston

New Orleans

PACIFIC OCEAN

GULF OF MEXICO

Bartlesville, Oklahoma
Tour de la société H. C. Price

Buffalo, New York
Bâtiment Larkin, Édifice administratif de la société Larkin

Près de Chandler, Arizona
«Ocatillo», Camp de désert Frank Lloyd Wright

Chicago, Illinois
Maison Frederick C. Robie
Gratte-ciel «Mile High»

Elkins Park, Pennsylvanie
Synagogue, Congrégation Beth Sholom

Highland Park, Illinois
Maison Ward W. Willits

Los Angeles, Californie
Maison Charles Ennis
«Maison Hollyhock», Maison Aline Barnsdall

Middleton, Wisconsin
«Solar Hemicycle», Maison Herbert Jacobs #2

Mill Run, Pennsylvanie
«Fallingwater», Maison Edgar J. Kaufmann

Minneapolis, Minnesota
Maison Malcolm Willey

New York, New York
Musée Guggenheim

Oak Park, Illinois
Maison de Mrs. Thomas Gale
Unity Temple
Maison William G. Fricke

Pasadena, Californie
«La Miniatura», Maison Alice Millard

Phoenix, Arizona
Maison Norman Lykes
Maison Rose Pauson

Racine, Wisconsin
Bâtiment Johnson, S.C. Johnson & Son Company
Tour de recherche Johnson, S. C. Johnson & Son Company

River Forest, Illinois
Maison William H. Winslow

Riverside, Illinois
Maison Avery Coonley
Maison de jeux Avery Coonley

San Francisco, Californie
Magasin de cadeaux V. C. Morris

San Rafael, Californie
Centre municipal de Marin County

Scottsdale, Arizona
Taliesin Ouest, Maison et atelier de Frank Lloyd Wright

Shorewood Hills, Wisconsin
Maison John C. Pew
«Église unitarienne»

Spring Green, Wisconsin
Taliesin, Maison, atelier et ferme de Frank Lloyd Wright
Complexe de la communauté Taliesin

Stanford, Californie
«Honeycomb House», Maison Paul et Jean Hanna

Wayzata, Minnesota
«Northome», Maison Francis W. Little

Bibliographie

▶ Alofsin, Anthony : *Frank Lloyd Wright, The Lost Years, 1910 – 1922*. University of Chicago Press, Chicago & Londres, 1993
▶ Brooks, H. Allen : *The Prairie School, Frank Lloyd Wright And His Midwest Contemporaries*. George Braziller, New York, 1984
▶ Cleary, Richard : *Merchant Prince and Master Builder, Edgar Kaufmann & Frank Lloyd Wright*. Carnegie Museum of Art, Pittsburgh, 1999
▶ De Long, David : *Frank Lloyd Wright, Designs for an American Landscape*. Harry N. Abrams, New York, 1995
▶ De Long, David (éd.) : *Frank Lloyd Wright and the Living City*. Vitra Design Museum/ Skira editore, Weil am Rhein, 1998
▶ Futagawa, Yukio (éd.) : *Frank Lloyd Wright Monograph*. 12 Volumes. A.D.A. Edita, Tokyo, 1986
▶ Gebhard, David : *California Romanza, The California Architecture of Frank Lloyd Wright*. Chronicle Press, San Francisco, 1988
▶ Guerrero, Pedro E. : *Picturing Wright, An Album from Frank Lloyd Wright's Photographer*. Pomegranate Artbooks, San Francisco, 1994
▶ Hanks, David A. : *Decorative Designs of Frank Lloyd Wright*. Dover Books, New York, 1999
▶ Hildebrand, Grant : *The Wright Space, Pattern & Meaning in Frank Lloyd Wright's Houses*. University of Washington Press, Seattle, 1991
▶ Hitchcock, Henry Russell : *Frank Lloyd Wright, In the Nature of Materials 1887 – 1941*. Da Capo Press, New York, 1988
▶ Kaufmann, Edgar Jr. (éd.) : *An American Architecture*. Barnes & Noble, New York, 1998
▶ Levine, Neil : *The Architecture of Frank Lloyd Wright*. Princeton University Press, Princeton, 1996
▶ Manson, Grant Carpenter : *Frank Lloyd Wright to 1910, The First Golden Age*. John Wiley & Sons, New York, 1979
▶ McCarter, Robert : *Frank Lloyd Wright*. Phaidon Press Ltd., Londres, 1997
▶ Pfeiffer, Bruce Brooks : *Frank Lloyd Wright, The Masterworks*. Rizzoli, New York, 1993
▶ Pfeiffer, Bruce Brooks : *Frank Lloyd Wright, Master Builder*. Universe Publishing Co., New York, 1997
▶ Pfeiffer, Bruce Brooks : *Treasures Of Taliesin, 77 Unbuilt Designs*. Pomegranate, San Francisco, 1999
▶ Pfeiffer, Bruce Brooks (éd.) : *Frank Lloyd Wright, In the Realm of Ideas*. Southern Illinois University Press, Carbondale & Edwardsville, 1988
▶ Pfeiffer, Bruce Brooks (éd.) : *Frank Lloyd Wright Collected Writings Volume 1*. Rizzoli, New York, 1992
▶ Pfeiffer, Bruce Brooks (éd.) : *Frank Lloyd Wright Collected Writings Volume 2*. Rizzoli, New York, 1992
▶ Pfeiffer, Bruce Brooks (éd.) : *Frank Lloyd Wright Collected Writings Volume 3*. Rizzoli, New York, 1993
▶ Pfeiffer, Bruce Brooks (éd.) : *Frank Lloyd Wright Collected Writings Volume 4*. Rizzoli, New York, 1994
▶ Pfeiffer, Bruce Brooks (éd.) : *Frank Lloyd Wright Collected Writings Volume 5*. Rizzoli, New York, 1995
▶ Riley, Terence & Peter Reed : *Frank Lloyd Wright, Architect*. Museum of Modern Art, New York, 1994
▶ Sergeant, John : *Frank Lloyd Wright's Usonian Houses*. Whitney Library of Design, New York, 1984
▶ Secrest, Meryle : *Frank Lloyd Wright*. Alfred A. Knopf, New York, 1992
▶ Storrer, William Allin : *The Frank Lloyd Wright Companion*. University Of Chicago Press, Chicago, 1993
▶ Sweeney, Robert : *Wright in Hollywood, Visions of a New Architecture*. Architectural History Foundation, New York, 1994
▶ Wright, Frank Lloyd : *Ausgeführte Bauten und Entwürfe von Frank Lloyd Wright*. Wasmuth Verlag, Tübingen, 1986 (réimpression de l'édition originale de 1910)
▶ Wright, Frank Lloyd : *An Autobiography*. Barnes & Noble, New York, 1998

Références

▶ The Art Institute of Chicago, Chicago, IL: 56
▶ Bibliothek der Landesgewerbeanstalt, Nuremberg : 8
▶ The Domino's Center for Architecture & Design, Ann Arbor, MI : 33 b., 24 b.
▶ Ezra Stoller © Esto : couverture, 54, 66, 68, 72, 84
▶ Peter Gössel, Brême : 9 b., 19 h., 31 b., 59 d.
▶ © Pedro E. Guerrero : 2, 13, 34, 49, 61 h., 62, 64, 75, 80, 88
▶ Chicago Historical Society, Hedrich Blessing : 50, 51 h., quatrième de couverture
▶ © CMKorab / Korab Photo : 20, 21 h.
▶ Nicole Kuhlmann, Brême : 17 b., 19 b., 21 b., 28 b., 30 b., 35 b., 37, 41 g., 45 h., 47 h., 51 b., 53 h., 55 h., 60 b., 83 g.
▶ © 2004 Ryo Hata, Tokyo, Japon : 42, 43
▶ Christopher Little : 52, 53 b.
▶ The Metropolitan Museum of Art, Purchase, Emily Crane Chadbourne Bequest, 1972. (1972.60.1) Photograph ©1982 : 36
▶ Gössel und Partner, Brême : 94/95
▶ Paul J. Rocheleau : 6, 26, 73 g., 74 g., 81
▶ Julius Shulman : 40, 44, 46, 47 b., 58, 60 h., 71, 76, 77
▶ Photographie de Tim Street-Porter : 41 d.
▶ The Frank Lloyd Wright Foundation, Scottsdale, AZ : 4, 7, 9 h., 10, 11, 12, 14, 16/17, 18, 22, 23, 24 h., 25, 27, 28 h., 29 , 30 h., 31 h., 32, 33 h., 35 h., 38, 39, 45 b., 48, 55, 57, 61 b., 63, 65, 69, 70, 73 d., 78, 79, 82, 85, 86/87
▶ Scot Zimmerman: 83 d.

L'auteur :

Bruce Brooks Pfeiffer (1930–2017) a été apprenti de Frank Lloyd Wright à la Taliesin Fellowship jusqu'à son entrée à l'École nationale des Beaux-Arts de Paris. En 1958, il est revenu aux États-Unis afin de poursuivre sa formation auprès de Wright, jusqu'à la mort de celui-ci en 1959. Pfeiffer a fondé les archives Frank Lloyd Wright, où il a répertorié l'ensemble des dessins, manuscrits, lettres et autres documents laissés par le maître. Il a également signé de nombreux ouvrages sur la vie et l'œuvre de Wright.

L'éditeur :

Peter Gössel dirige une agence de design pour les musées et les expositions. Il a publié pour TASCHEN des monographies consacrées à Julius Shulman, R. M. Schindler, John Lautner et Richard Neutra, ainsi que plusieurs titres de la Petite Collection Architecture.